歴史文化ライブラリー

202

鎌倉　古寺を歩く

宗教都市の風景

松尾剛次

吉川弘文館

目 次

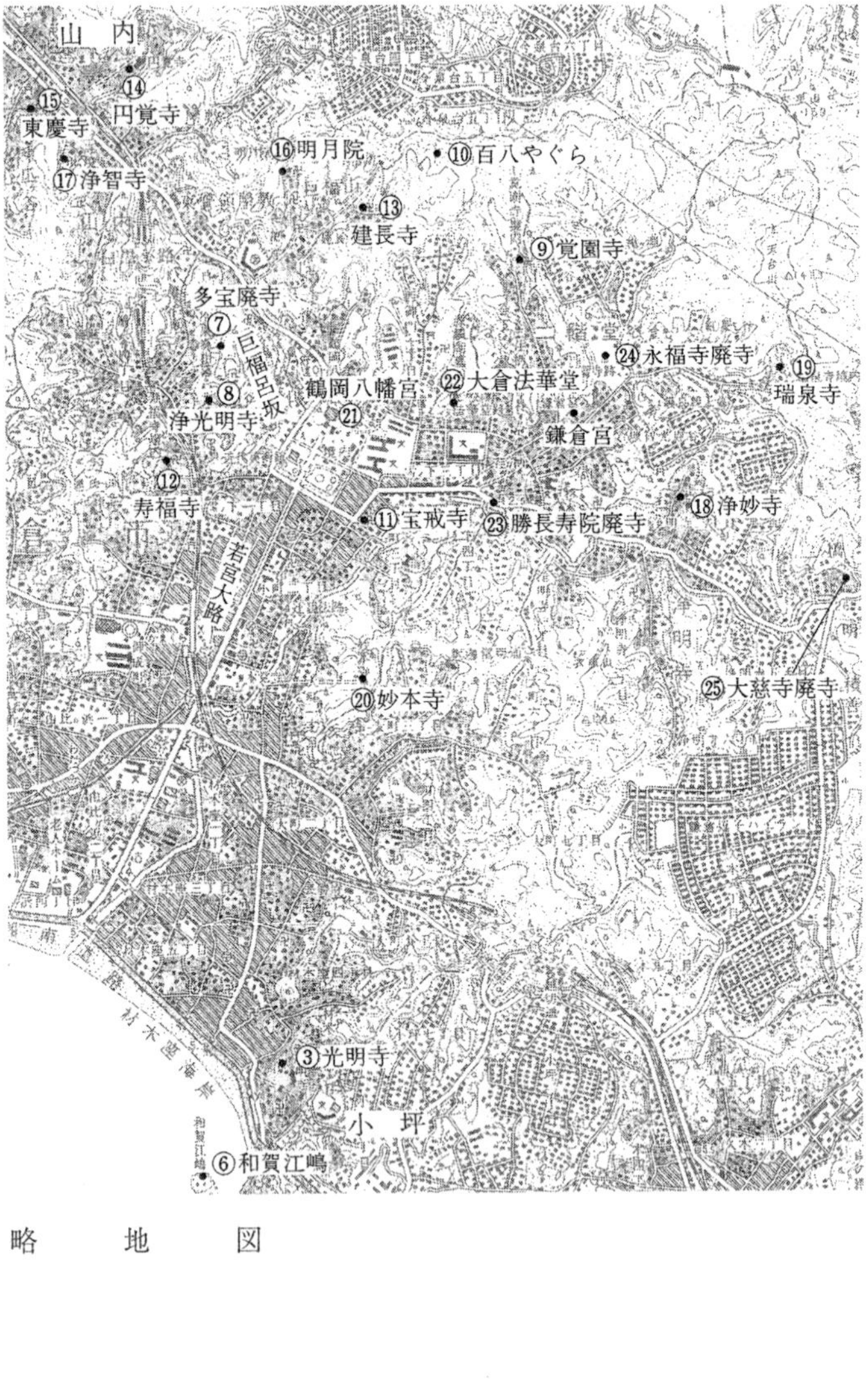
山　内
⑭
⑮
円覚寺
東慶寺
⑯明月院
⑩百八やぐら
⑰浄智寺
⑬
建長寺
⑨覚園寺
多宝廃寺
⑦
巨福呂坂
㉔永福寺廃寺
⑲
⑧
鶴岡八幡宮
㉒大倉法華堂
瑞泉寺
浄光明寺
㉑
鎌倉宮
⑫
⑱浄妙寺
寿福寺
⑪宝戒寺
㉓勝長寿院廃寺
若宮大路
⑳妙本寺
㉕大慈寺廃寺
③光明寺
小　坪
⑥和賀江嶋

略　　　地　　　図

7　鎌倉略地図

頁数は，本書の該当頁を示す．

①高徳院(鎌倉大仏)　1・24頁

浄土宗寺院

②長谷寺　47頁

③光明寺　51頁

律 宗 寺 院

④極楽寺　66頁

⑤忍性墓　66頁

⑥和賀江嶋　19・74頁

⑦多宝廃寺　76頁

⑧浄光明寺　83頁

⑨覚園寺　88頁

⑩百八やぐら　88頁

⑪宝戒寺　90頁

禅 宗 寺 院

⑫寿福寺　93頁

⑬建長寺　97頁

⑭円覚寺　107頁

⑮東慶寺　116頁

⑯明月院　120頁

⑰浄智寺　122頁

⑱浄妙寺　125頁

⑲瑞泉寺　129頁

日蓮宗寺院

⑳妙本寺　133頁

旧仏教寺院

㉑鶴岡八幡宮　145・153頁

㉒大倉法華堂　163頁

㉓勝長寿院廃寺　165頁

㉔永福寺廃寺　167頁

㉕大慈寺廃寺　169頁

鎌　　倉

鎌倉の顔、大仏――プロローグ

鎌倉大仏

古都鎌倉といえば、大仏を思い起こす人が多いだろう。与謝野晶子《よさのあきこ》を初め、古来、大仏を詠む歌人は多い。それは、大仏が緑青《ろくしょう》に覆われた巨体を、雨露に、ある時はペンキのスプレイにまでさらされながらも、我々に親しみ深く慈悲《じひ》に満ちたお顔を見せてくれるからであろう。江戸時代には、その胎内で博打《ばくち》が行なわれたという記録が残っており、大仏殿《だいぶつでん》に鎮座《ちんざ》する東大寺の大仏とは大違いの庶民性の持ち主なのだ。

火にも焼けず　雨にも朽ちぬ　鎌倉の　裸仏《はだかぼとけ》は　常仏《つねぼとけ》かも

この正岡子規《まさおかしき》の歌も、そんな大仏賛歌の一つである。明治《めいじ》三十二（一八九九）年に開催された子規庵での歌会での作といわれ（『子規全集』第六、講談社、一九七七、五七六頁）、子規の歌集『竹乃里歌《たけのさとうた》』に収められている。

鎌倉幕府滅亡の際の兵火をはじめ、いくたの戦火にも焼けず、雨露にも朽ちず、超然として露座《ろざ》する鎌倉大仏は永遠の仏であるよ、くらいの意味であろうか。子規は元気な時は旅を愛したようで、鎌倉も訪れ、旅行記である「鎌倉一見の記」(『獺祭書尾俳話』)まで著わしている。この歌は、そうした鎌倉旅行の思い出を踏まえての作であろう。

大仏殿といった建物の中に入っていない「裸仏」が、親しみやすさとともに、「火にも」「雨にも朽ちぬ」仏の永遠性を、その巨大さとともに感じさせたのであろう。

大仏といえば、最近では、アフガニスタンのバーミヤン大仏が有名になった。タリバーン政権の暴挙によって破壊されてしまったからである。しかし、バーミヤン大仏が、五十六億七千万年後の未来に出現するという弥勒《みろく》大仏であることはさほど気にされていない。日本では、弥勒といえば広隆寺《こうりゆうじ》の弥勒像のように、大仏ではなく優美な仏が思い起こされるが、世界的には未来仏である弥勒大仏が多いという。日本では東大寺の大仏は華厳経《けごんきよう》世界の主、盧舎那仏《るしやなぶつ》であるが、鎌倉大仏は西方《さいほう》極楽世界の主、阿弥陀《あみだ》大仏である。そうした大仏の違いは、建造者たちの切実な願いや思想を表しており、大いに注目すべきことである。

中央アジアの弥勒大仏の造立《ぞうりゅう》者たちは、五十六億七千万年後の未来仏の下生《げしょう》とそれによる救済にあずかりたいと願った。盧舎那仏の造建者は、仏法の体現者として、仏教世界の中心である盧舎那仏の救済にあずかることを願ったのである。それゆえ、鎌倉大仏はなぜ阿弥陀であったのか、などの疑問がわいてくる。本書では、そうした疑問にも答えたい。

古都鎌倉

都市鎌倉は、治承《じしょう》四（一一八〇）年に源《みなもとの》頼朝《よりとも》によって開かれたと考えられてきた。しかし、近年の考古学の成果により、古代においても郡の役所（郡衙《ぐんが》）が置かれるなど、一定程度繁栄した地方中核都市であったことが明らかとなっている。

けれども、都市鎌倉が日本史上の前面に現れ、いわば首都的な位置を占めて、他の地方都市のモデルとなったのは、やはり源頼朝が鎌倉に幕府を開いたことによる、と言ってよい。いわゆる鎌倉時代には武家の「首都」として大いに繁栄を遂げ、一〇万人の人口を擁する日本第二の都市であった。

それゆえ、都市鎌倉を扱った研究は数多くあり、とくに政治・軍事都市としての側面は大いに注目されてきた。本書では、政治・軍事都市としてのみならず、宗教都市としての側面に大きく光を当てつつ鎌倉時代の都市鎌倉の実像に迫りたい。というのも、鎌倉の地図を見れば一目瞭然のように、寺社《じしゃ》（廃寺《はいじ》も含め）の多さが特に目に付き、鎌倉が宗教都市であったことは明らかだからだ。実際、都市鎌倉は、いわゆる鎌倉新仏教を育てた「保育器」の役割を果たし、日蓮《にちれん》や忍性《にんしょう》といった新仏教僧たちの信者獲得競争の場でもあった。

近年、安倍晴明《あべのせいめい》（九二一―一〇〇五）が人気で、陰陽師《おんみようじ》が注目されている。映画や小説などで、式神《しきがみ》を操り、摩訶不思議《まかふしぎ》な呪文を唱え、目に見えぬ鬼神と戦う安倍晴明の姿は、興味深く、ハラハラドキドキさせてくれ飽きさせない。そうした陰陽師といえば、平安京が思い起こされるが、実は鎌倉でも数多くの陰陽師たちが活躍していた。従来、鎌倉陰陽師の活動は、ほとんど注目されていない。しかし、鎌倉幕府は、僧侶の祈禱と並んで陰陽師の祈りにも大いに期待をかけていた。天皇や将軍に仕え、夜も宿直《とのい》して祈禱する僧を護《ご》持僧《じそう》というが、護持陰陽師もいたのである。

また、日々の占いから、公的行事の祈禱、将軍御所の移転に関わる占いなどにも大きな役割を果たしていた。そうした陰陽師たちの活動にも注目しながら中世都市鎌倉の実相に迫るつもりである。

ところで、都市鎌倉の宗教、とくに仏教といえば、建長寺《けんちょうじ》、円覚寺《えんがくじ》を拠点とする禅宗《ぜんしゅう》がまず想起されるであろう。確かに、横須賀《よこすか》線で鎌倉を訪れる観光客の多くは、北鎌倉で下車し、円覚寺・東慶寺《とうけいじ》・建長寺などを訪れ、まず中世の禅宗寺院の繁栄ぶりを偲《しの》ぶことになる。

しかし、禅宗（あるいは律宗も）が繁栄を開始し始めるのは、十三世紀の後半のことであった。実に、それ以前においては、鶴岡八幡宮《つるがおかはちまんぐう》（かつては鶴岡八幡宮寺という寺であった）、永福寺《ようふくじ》（廃寺）、勝長寿院《しょうちょうじゅいん》（廃寺）、大倉法華堂《おおくらほっけどう》（廃寺）などの、いわゆる旧仏教寺院の方が極めて重要な役割を果たしていた。それら旧仏教寺院は、十三世紀半ばまで、新仏教勢力よりも大きな役割を果たしていたのである。ただ、それらのほとんどは現在、廃寺となっており、注目されないにすぎない。鶴岡八幡宮寺も、明治の廃仏毀釈《はいぶつきしゃく》によって神社となっている。それゆえ、本書では、そうした寺院にも注目する。

なお、基本的な典拠は断らぬ限り『吾妻鏡《あずまかがみ》』であり、本文では年月日のみで示す場合もある。『吾妻鏡』は、十三世紀の末に編纂《へんさん》されたと考えられている鎌倉幕府の公的な歴史書である。

鎌倉の中心と境界

鎌倉中と田舎

どこまでを鎌倉というか

これから中世都市鎌倉を宗教に注目しながら案内するにあたって、まず、都市鎌倉の領域について述べる必要がある。現在の東京都を考えた場合、都内である二十三区内と三宅島《みやけじま》の違いを想起すれば明らかなように、東京二十三区とそれ以外では、行政組織・財政・人口集中度などで大きな相違があるが、そうしたことは、中世都市鎌倉にも当てはまる。

鎌倉は、相模国《さがみ》（神奈川県）にあり、それが現在の東京でいえば「東京都」にあたる。他方、鎌倉時代の鎌倉においても、いわば二十三区にあたる行政単位が存在した。すなわち、「鎌倉中」である。そして、「鎌倉中」の内と外は、『一遍聖絵《いっぺんひじりえ》』での一遍と北条時《ほうじょうとき》

図1　一遍と北条時宗の出会い
『一遍聖絵』巻5（清浄光寺所蔵）

宗《むね》の出会いのシーンに見て取れるように、木戸などによって区別されていた。鎌倉中に当たるものは、中世の平安京でいえば「洛中《らくちゅう》」であり、奈良では「奈良中」、地方では、「府中」である。

鎌倉中の範囲は、都市鎌倉の発展により拡大し、鎌倉末には、北西は山内《やまのうち》、西南は稲村ケ崎《いなむらがさき》、北東は六《むつ》浦《ら》、南東は小坪《こつぼ》までであったと考えられている。

「保」という行政区画

「鎌倉中」内には、嘉禄《かろく》元（一二二五）年以後には保《ほ》という地域行政単位が置かれ、保ごとに保奉《ぶ》行人《ぎょうにん》という責任者が任命されていた。保の奉行人は、保内の治安の維持、橋・道路の維持管理などにあたった。鎌倉にいくつの保が設定されていたのかははっきりしない。

従来は、どこに、どのような保があったのかすら具体的ではなかったが、ここに注目すべき史料があるのであげておこう。すなわち、長谷寺《はせでら》の「鰐口銘《わにぐち》」である。鰐口は、社寺で祈願の際に鉦《かね》の緒で打って鳴らす梵音具《ぼんおんぐ》だが、それには「相州小坂《こさか》郡鎌倉由比保長谷寺為鰐口、為逆修奉之」、「応永（一四一三）廿年癸巳卯月廿九日　施主次郎五郎重光敬白」とあり、「由比《ゆい》保」という注目すべき文言がある。

以前は、その保を国衙領《こくがりょう》のそれと誤断し、由比保という国衙領の存在がないために、「鰐口銘」自体の信憑性《しんぴょうせい》を疑ってきた。しかし、鰐口は県の文化財指定を受けるほどのもので、その銘文も疑うべきものではない。というよりも、その保を鎌倉時代以来の地域行政単位としての保と考えるならば、長谷寺一帯に「由比保」という保が設定されていた可能性があり、室町時代の鎌倉府《かまくらふ》体制下における保という地域単位の存在を想定すべきであろう。長谷の一帯は、鎌倉初期において、都市鎌倉の境界に位置していたが、遅くとも鎌倉府体制下には、保の制度がしかれる都市域内となっていたといえる。それゆえ、鎌倉時代の保ではないが、それが、鎌倉期の保の制度を踏まえたものとすれば、鎌倉時代まで遡《さかのぼ》れることになる。

ところで、都市鎌倉の中核域である鎌倉中に対して、それ以外の地域はなんと呼ばれていたのであろうか。これについては、これまで何も指摘されていないが、結論を先にいえば、奈良のように「田舎」と呼ばれていたようである。このことを考えるうえで、次の事件は示唆《しさ》にとむので、少し詳しく触れたい。

櫛を投げる

建長《けんちょう》二（一二五〇）年六月二十四日、極めて異常な事件が鎌倉中で起こった。婿《むこ》が、「田舎」にちょっと出かけた留守中に、父親が実の娘を犯そうとしたのである。しかも、まもなく帰宅した婿にその現場を見られ、父親はその恥に耐えられずに自害《じがい》した。ようするに、近親相姦《そうかん》未遂事件が起こった。

実に、その親が娘を犯そうとした理由が興味深い。すなわち、櫛《くし》を投げて、それを取った女性はたとえ実の娘であっても、他人となるという慣習があり、父親は屏風《びょうぶ》の上から櫛を投げたところ、娘がそれを取ったことから、事に及んだというのだ。婿は、義父の自殺を知って、驚き、娘が父親の願いを叶えなかったことを不孝と批判して離婚し、出家《しゅっけ》して舅《しゅうと》の菩提《ぼだい》をとむらったという。

この事件からは、民俗学的にも示唆に富む情報が得られる。たとえば、「櫛を投げて、それを取った女性はたとえ実の娘であっても、他人となる」という慣習の存在で、婿もそれを認めていたようであり、驚かされる。網野善彦氏の言葉を借りれば、櫛の力によって、「無縁《むえん》」の状況が作り出されるということであろう。神宿る櫛への呪術《じゅじゅつ》的信仰の存在が顕《あら》わになる。これが鎌倉に限った風習なのか、平安京でもいえるのか史料がないので論じられないのは残念である。

「田　舎」

ここで注目したいのは、そうしたことではなく、鎌倉中から、ちょっと出かけられるところが「田舎」と表記されていることだ。他の「田舎」の事例がはっきりせず、この言葉も、普通名詞のいわゆる田舎を示している可能性もある。だが、中世都市奈良の場合に、「岩井川ヨリ南ハ田舎、北ハ奈良也」(『大乗院寺社雑事記』寛正三〈一四六二〉年八月晦日条)と表現され、岩井川が境となって奈良中と田舎が区別されているように、鎌倉中の外の相模国内こそ「田舎」と呼ばれたのではなかろうか。奈良中の対概念が「田舎」だとすれば、鎌倉中の場合も対概念は「田舎」ではなかったか。ここでは、仮説を述べておこう。

鎌倉の「内と外」

以上、主に行政単位としての鎌倉中に注目してきた。この鎌倉中というのは、行政的な意味のみならず、宗教的にも結界《けっかい》され、聖化されていた。すなわち、節分に「鬼は外、福は内」と言いながら豆をまき鬼を家の外に追い出すように、鎌倉中からは、その外へ悪鬼・悪霊《あくりょう》退散の祈禱がなされていた。そうした聖化の役割を担っていた人たちに、陰陽師《おんみょうじ》が存在し、彼らが行なった「四境祭《しきょうさい》」を通じて、

表1　『吾妻鏡』にみる四角四境祭

No.	年月日	内容	理由
1	元仁元・一二・二六（一二二四）	四角四境鬼気祭、陰陽権助国道が申し行なう。四境は、東六浦、南は小壺、西は稲村、北は山内	疫癘流布のため
2	寛喜三・五・四（一二三一）	御所四角四堺鬼気祭等行なわる	疫癘流布の予防のため
3	嘉禎元・一二・二〇（一二三五）	四角四境祭。御所艮角は陰陽大允晴茂、巽角は図書助晴秀坤角右京権亮経昌、乾角雅楽助清貞小袋坂は雅楽大夫泰房、小壺は近江大夫親貞、六浦は陰陽少允以平、固瀬河は縫殿助文方	頼経病気祈禱
4	寛元二・四・二六（一二四四）	四角四堺鬼気祭	近日咳病温気流布し頼経・頼嗣も感染。頼嗣は今に回復せず。将軍と公達以下の御祈禱のため
5	寛元二・五・二六（一二四四）	四方四角等祭、郭外で行なわれたという。艮方は晴賢、東方は文元、巽方は為親、南	三日病という病気がはやり、特に新将軍頼嗣のそれが良く

		方は晴茂坤方は晴長、西方は国継、乾方は晴貞、北方は泰房	ならないため
6	寛元三・七・一三（一二四五）	北条経時亭で四角四方鬼気等祭を行なう	経時の病気平癒の祈禱のためカ
7	建長四・八・二三（一二五二）	四角四境鬼気祭を行なう。晴賢、晴茂、為親等朝臣、晴秀、以平、晴尚、晴盛、茂氏等奉仕す。今日病気がよくなったという	宗尊親王御病気
8	康元元・八・二九（一二五六）	四角宣賢、晴長、晴秀、晴成、四堺晴尚、親貞、維行、重氏等なり	宗尊親王御病気

どこまでが鎌倉中と認識されていたかが理解できる。

たとえば、元仁元《げんにんげん》（一二二四）年十二月二十六日には、「四角四境鬼気祭《しかくしきょうききさい》」が行なわれた。それは、疫癘《えきれい》（悪性の流行病）が蔓延し、それを鬼気のせいと考えて将軍御所の四隅《よすみ》と鎌倉中の境界である四境で鬼気を払う陰陽道祭祀がなされた。その四境は、「東六浦、南小壺、西稲村、北山内」となっており、それらが、鎌倉中の境界であった。

ところが、嘉禎元《かてい》（一二三五）年十二月二十日には、将軍九条頼経の病気祈禱のために行なわれた「四角四境祭」の四境祭は、「小袋坂、小壺、六浦、固瀬河」でなされている。

小袋坂（山内）、小壺（小坪、逗子）、六浦（横浜市金沢区）の三所は同じだが、片（固）瀬河（藤沢市）が加わっており、鎌倉中がしだいに広がっていった様が読みとれる（表1）。

つぎに、この「四境祭」を手がかりに鎌倉中の領域を限る四境に注目しよう。

鎌倉の四境と由比ヶ浜

山内

山内《やまのうち》は、巨福呂《こぶくろ》（小袋）坂を越えて鎌倉と繋《つな》がる鎌倉の北西にあたるが、現在の横浜市戸塚《とつか》区・港南《こうなん》区から鎌倉市山ノ内《やまのうち》・岩瀬・山崎・大船《おおふな》・津・手広《てびろ》・笛田《ふえだ》などを含む相模《さがみ》国随一の山内庄に由来する。皇室が所有する私領の一つで、その地頭職《じとうしき》（治安維持・年貢《ねんぐ》徴収などを担当）は山内《やまのうち》首藤《すどう》氏が保有していた。だが、源頼《みなもとのより》朝《とも》挙兵に際して山内首藤経俊《つねとし》が平家方に従ったために、頼朝によって没収され、和田義盛《よしもり》に与えられた。

しかし、和田義盛も建保《けんぽう》元（一二一三）年五月、和田の乱によって北条義時《ほうじょうよしとき》らによって滅ぼされ、その地は北条氏の所有に帰することになった。以後、北条氏によって開発が進むことになる。仁治《にんじ》元（一二四〇）年十月には、北条泰時《やすとき》によって巨福呂（小袋）坂を通って、山内に抜ける道が整備され、建長寺《けんちょうじ》、円覚寺《えんがくじ》、最明寺《さいみょうじ》、禅興寺《ぜんこうじ》などの寺院が建設された。その結果、それらの寺院とそこに住む僧侶の需要を満たすために、職人・商人が集住し、一大門前町が形成されていった。そのため、山内の内でも、建長寺、円覚寺、最明寺などの一帯までは鎌倉中に含まれるようになった。そのことは、以下のことからわかる。

『吾妻鏡《あずまかがみ》』によれば、幕府は仁治元年十一月二十一日に、鎌倉中の警護のために、辻々に篝《かがり》を焚《た》くように決定し、保《ほ》の奉行人に準備を命じている。それゆえ、篝が設置されていたところは、逆に鎌倉中の内であったことがわかる。そして、建武《けんむ》元（一三三四）年から建武二年七月以前に作成された「円覚寺境内絵図」によれば、鎌倉時代には、篝屋が、円覚寺門前の西側の「瓜谷路《うりがやつみち》」と山内街道との交差点に設置されていることがわかる。とすれば、その一帯まで鎌倉中の内で保の制度が施行されていたと考えられる。

稲村ヶ崎

稲村ヶ崎は、鎌倉中の西南隅にあたり、海中に突出し、東の由比ヶ浜《ゆいがはま》と西の七里ヶ浜《しちりがはま》とを分ける岬である。稲村ヶ崎といえば、元弘《げんこう》三（一三三三）年五月、新田義貞《にったよしさだ》率いる反幕府軍は、極楽寺坂《ごくらくじ》を守る幕府に手を焼き稲村ヶ崎で足止めされていたが、新田義貞が刀を海中に投じたところ、潮が引いて海際に道があらわれ、その道を通って鎌倉中に入ることができた話で知られる。その話からも、稲村ヶ崎が鎌倉中の境界にあたり、そのころには極楽寺が鎌倉中であったことがわかる。

それゆえ、稲村ヶ崎より内側は鎌倉中であった。たとえば、長谷寺《はせでら》のある一帯にも「由比保」という保の存在が知られる。すなわち、先述した長谷寺の「鰐口銘」により、長谷寺一帯に「由比保」という保（地域行政単位）が設定されていた可能性は高い。長谷の一帯は、遅くとも、室町時代には、保の制度がしかれる都市域内となっていたといえる。しかし、鎌倉大仏が建てられたころ（十三世紀中葉）は、長谷は鎌倉の西の境界と意識されていた。この点は大仏のところでも述べたい。

もっとも、先述したように、嘉禎《かてい》元（一二三五）年十二月二十日には、四代将軍九条頼経《くじようよりつね》の病気祈禱のために行なわれた「四角四境祭《しかくしきようさい》」の四境祭は、「小袋坂、小壺《こつぼ》、六浦《むつら》、固瀬河《かたせ》」でなされ、西は稲村ヶ崎ではなく、片（固）瀬河（藤沢市）となっており、陰陽道《おんみようどう》の祭祀《さいし》のレベルではあるが、鎌倉中がしだいに広がっていった様が読みとれる。

小　壺

小壺（小坪）は、都市鎌倉の南東に位置し、現在の逗子市に属する。『吾妻鏡』を見ると、小壺は、鎌倉武士たちにとって、涼《りよう》を求めて散策する

図2　和賀江嶋

場であったし、笠懸《かさがけ》といった弓の芸を比べ合う場でもあった。また、源頼朝の寵愛《ちょうあい》の妾亀御《かめご》前《ぜん》が小忠太光家の小坪の家に匿《かくま》われることもあった（寿永《じゅえい》元〈一一八二〉年十二月十日条）。頼朝が妻北条政子の目を恐れて愛妾《あいしょう》を小壺に住まわせたのも、小壺は、鎌倉の境界にあたり、納涼のためなど口実を付けて「浜出」して通うのに便利であったからだろう。

小壺から鎌倉中への入り口こそ、和賀江津《わかえのつ》であり、そこに、貞永《じょうえい》元（一二三二）年七月には往阿弥陀《おうあみだ》仏によって島が築かれ、船が着岸できる港として整備された。以後、和賀江は鎌倉の港として繁栄を遂げていき、建長三（一二五一）年十二月三日には鎌倉幕府により鎌倉中の商業地区の一つとして認定されるにいたる。鎌倉後期以後、室町初期において、その管理権を握った寺院は後述する極楽寺であった。

六浦

六浦は、中世において、先述の「四境祭」からも、鎌倉の四境の東方を扼《やく》する地とされてきた。しかし、相模国ではなくて隣の武蔵《むさし》国に所在する点は注目される。それは、和賀江津の整備がなされる以前においては鎌倉には良港がなく、六浦津が鎌倉の外港として重要視されたからである。というのも、和賀江津の整備がなされるまでは、由比ヶ浜は外洋に面し、波浪《はろう》も高く大きな船が入れなかったのである。六浦津は平潟《ひらかた》湾が西に大きく湾入していた辺りにあったが、岬や島に囲まれて山深く湾入《わんにゅう》した六浦津は自然の良港を形成していた。また、六浦は塩の産地とも知られ、塩商人たちは六浦から塩を運んでいた。さらに、六浦は景勝《けいしょう》の地としても知られる。

こうした重要性により、北条泰時は、仁治元（一二四〇）年十一月に鎌倉と六浦とを結ぶ六浦道の整備を計画し、翌年四月から御家人《ごけにん》に命じて建設を開始させているほどである。北条泰時は、先述のように、仁治元年十月には山内道の整備にも着手しており、泰時によって、鎌倉中と四境を結ぶ道路整備が進められたことは注目される。

前浜（由比ヶ浜）

鎌倉は、南は海に面しているが、鎌倉の境界といえば、由比ヶ浜も忘れることはできない。『吾妻鏡』には、「前浜」と出てくる。浜大鳥居

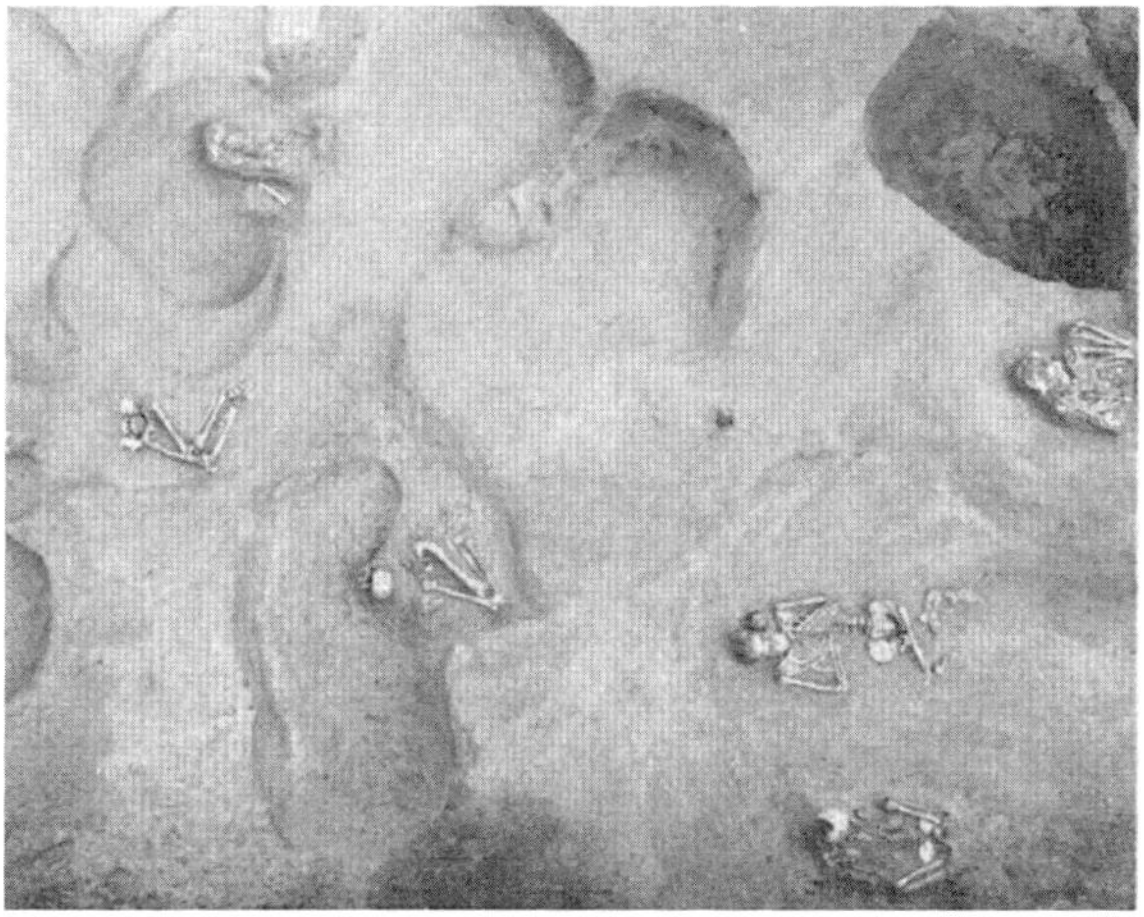

図3　由比ヶ浜集団墓地遺跡（鎌倉市教育委員会提供）

の前の浜という意味であろうと考えられている。

現在、ウインド・サーフィンや海水浴でにぎわう由比ヶ浜は、中世においては、一大集団墓地であった。近年の発掘によって、累々《るいるい》たる死体が発掘されている。すなわち、埋葬や死体遺棄などが行なわれる葬送《そうそう》の場であった。

源義経と静《しずか》御前との幼い息子が、由比浦に捨てられたが、その死骸も浜に葬られたと考えられている（五味文彦、二〇〇二）。実際、鎌倉湾の中心に流れ出す滑《なめり》川の河口西側、鎌倉市地下駐車場にあたる由比ヶ浜南遺跡では、三八六一体（調査面積、約一万平方メートル）もの死体が見つかっている。すなわち、由比ヶ浜は、あの世とこの世の境界であり、鎌倉中の境界でもあった。

また、前浜には、一向堂《いっこう》があったことが知られている（五味文彦、二〇〇二）。一向堂というのは、一向衆の管理するお堂で、時衆《じしゅう》の徒が住み、葬送に従事していたと推測される。十五世紀半ばには、日蓮《にちれん》門徒の浜法華堂《はまのほっけ》の存在も知られる（松尾、一九九八b）。彼らも葬送に従事していたのであろう。

さらに、由比ヶ浜には、半地下式の掘立柱の住居の址《あと》も数多く発掘されており、商人・職人ら庶民の住宅や倉庫が集中する場でもあった（斎木秀雄、二〇〇二）。

以上、時期によって変動はあるが、都市鎌倉は、山内・稲村ヶ崎（後には片瀬）・六浦・小壺を四境とし、その内側と浜より内側を鎌倉中としていたことを述べた。そして、鎌倉中と周縁とに区分されて新旧仏教勢力が展開していくのである。

新仏教寺院と都市鎌倉

鎌倉大仏

鎌倉中の寺社

先に、中世都市鎌倉には、東京都の二十三区とそれ以外といった区分に当たる、鎌倉中と田舎という区分があったと述べた。その違いは、どのような寺社《じしゃ》が建てられるかといった寺社の配置にも反映していた。結論的にいえば、鎌倉中には旧仏教寺院や有力神社が、田舎というより、鎌倉中と田舎の境界に禅《ぜん》・律《りつ》・念仏《ねんぶつ》といった新仏教寺院が建てられる配置になっていたのである。もちろん、鎌倉中の拡大につれ、元は境界であった地域が鎌倉中に編入されてゆく。

こうした点を頭に入れて、まず、鎌倉を訪れる人の人気スポット鎌倉大仏からみてみよう。なお、鎌倉大仏の史料としては、高橋秀栄「中世の鎌倉大仏に関する歴史年表」『鎌

図4　鎌倉大仏

倉大仏史研究　創刊号』（鎌倉大仏史研究会、一九九六）にほぼ網羅《もうら》されており、基本的にそれを参照している。

露座の大仏

江ノ電《えのでん》長谷《はせ》駅を降りるとプーンと潮の香りがして気分がいい。長谷駅は由比《ゆい》ヶ浜《がはま》に近いのだ。浜とは反対側へ歩いてゆくと、左手に長谷の観音《かんのん》の入口があって、それを通り越して行くと、まもなく大仏に行き着く。大仏のある寺は、正式には大異山《だいいさん》高徳院《こうとくいん》清浄泉寺《しょうじょうせんじ》と号し、浄土宗《じょうどしゅう》の寺である。

　現存の鎌倉大仏は、高さ一一・三六メートルの阿弥陀《あみだ》大仏で、総重量は一二一トンである。金銅製だが、金ピカではなく、緑青《ろくしょう》のせいで青緑の姿を人々にさらしている。少し猫背な姿も好感が持てるが、彫刻史家によれば、猫背なのは鎌倉大仏が中国宋代の様式に影響を受けたからだという。そんなところにも、当時の中国との交流が窺《うかが》われる。

先述したように、鎌倉大仏は、東大寺《とうだいじ》の大仏と異なり、大仏殿《だいぶつでん》といった建物の中に入っていない、むき出しの状態である。それが元からのように思う人もいるようだが、もちろん、当初は大仏殿の中に鎮座《ちんざ》していたのである。もともとは「大仏殿」が正式の名称だったように、阿弥陀《あみだ》大仏を安置する大仏殿以外には付属する堂舎はなかった。明応《めいおう》七（一四九八）年の津波による大仏殿の倒壊以後は、大仏殿が再建されず露座《ろざ》になってしまった。そして、十八世紀に江戸の芝増上寺《ぞうじょうじ》の祐天《ゆうてん》によって修復が加えられるが、大仏殿は再建されなかった。なお、『太平記《たいへいき》』巻二三によると、嵐をさけて、大仏殿にこもった北条時行《ほうじょうときゆき》軍が、大仏殿の崩落《ほうらく》により死者をだしたという。

さて、鎌倉大仏は、浄光《じょうこう》という僧の勧進《かんじん》（人々に寄付を募ること）によって造建が始まった。暦仁《りゃくにん》元（一二三八）年の三月二十三日のことである。

（前略）今日、相模国深沢里の大仏堂の事始《ことはじめ》である。僧浄光、尊卑緇素《しそ》に勧進して、この建造を企画した。（後略）

右は、『吾妻鏡《あずまかがみ》』暦仁元年の三月二十三日条である。この日、浄光が深沢里に大仏堂を造り始めたことがわかる。高貴な方にも、卑しき者にも、僧侶・俗人の区別なく勧進して費用を集めて造建を開始したという。

まず、「深沢里」とある点が注目される。嘉禄《かろく》元（一二二五）年頃には、鎌倉中には保の制度が施行されていたことは述べたが、暦仁元（一二三八）年においても、深沢には保の制度が施行されていなかったことがわかる。つまり、鎌倉中ではなかった。

大仏の功徳

そこは、大仏のある谷という意味で大仏谷《だいぶつがやつ》とも呼ばれたが、鎌倉の西の境界に位置していた。そういう境界の地は、地獄でもあった。京都の北の境界鳥部野《とりべの》のように死体がゴロゴロし、ハンセン病患者や乞食も集まる場であった。飢饉《ききん》の時には多くの難民が集まるようなところであった。たとえば、文永《ぶんえい》十一（一二七四）年の大飢饉の時には、飢民や難民が多く出、大仏谷に集まって来ている。忍性《にんしょう》（一二一七―一三〇三）という律宗の僧侶は、そうした大仏谷の難民に五十余日にわたって粥《かゆ》を施したという。

ところで、近代的合理主義にどっぷりと浸かった現代の我々には、大仏はたんなる国宝美術品の一つにすぎない。しかし、当時の人々にとっては、まさに、目に見えぬ悪鬼《あっき》・悪《あく》霊《りょう》を、その巨大さによって威嚇《いかく》し、退散させる存在、仏（仏の力）そのものであった。人口の多い、「首都」的都市・鎌倉には、人口に比例して、悪鬼・悪霊が跳梁《ちょうりょう》し、侵入を企図していると考えられた。飢饉や悪疫《あくえき》、天変地異は、そうした悪鬼・悪霊のなせる業と考えられたのである。だからこそ、それを防ぐ存在の仏は巨大でなければならなかった。深沢は、西の境界に位置していたが、そのことから鎌倉大仏は、西方極楽浄土《さいほうごくらくじょうど》の主である阿弥陀仏が鎮座するにふさわしい場に建っている。そもそも、鎌倉大仏造建の目的は、浄光が鶴岡八幡宮《つるがおかはちまんぐう》の社壇《しゃだん》で受けた夢告により、東大寺大仏をモデルとして八幡大菩薩《はちまんだいぼさつ》の本地《ほんじ》（世の人を救うために神となって仮に姿を表したその本《もと》の仏菩薩のこと）である阿弥陀仏をつくり、それによって関東の安泰を祈ることにあったらしい（『大仏旨趣』）のだ。もっとも、後述のように、『吾妻鏡』には、浄光が造建した金銅大仏は「釈迦如来像《しゃかにょらいぞう》」と出てくる。その記述は『吾妻鏡』の間違いとされてきたが、この記事の謎については、後で触れたい。

仁治《にんじ》二（一二四一）年三月二十七日には大仏殿の上棟《じょうとう》式が行なわれた。寛元《かんげん》元（一二四三）年六月十六日には周尺（通常の尺より少し短い）で八丈余（実際は座像なので四丈、おおよそ一一・三六メートル）の阿弥陀像が完成している。ただし、注目すべきことに、それは木像であったことが、次の『東関紀行《とうかんきこう》』の記事によって明らかとなる。

木造から金銅造へ

齢《よわい》五十歳に近づいたある京住まいの男が、仁治三（一二四二）年八月十日、鎌倉へ向けて旅をし、紀行文を著した。『東関紀行』である。この男は鴨《かもの》長明《ちょうめい》とも源親行《みなもとのちかゆき》ともされるが、不詳と考えられている（『国史大辞典』）。彼は、大仏を見に行き、感想をしたためたが、それには注目すべき記述がある。

（前略）彼《かの》東大寺の本尊は聖武天皇《四十五代》の製作金銅十丈余の盧舎那仏《るしゃなぶつ》なり、天竺震旦《てんじくしんたん》にもたぐひなき仏像とこそきこゆれ、此《この》阿弥陀は八丈の御長なれば、かの大仏のなかばよりもすぐめり、金銅木像のかはりめこそあれども、末代にとりてはこれも不思議といひつべし（後略）

（東大寺の本尊は聖武天皇が製作した金銅十丈余の盧舎那仏で、インド・中国にも例をみない仏像と聞いている。他方、鎌倉大仏は、八丈（実際は四丈）の大きさで、東大寺大仏の半分くらいである。金銅像・木像の相違はあるが、末代においてはこれも不思議なことだ。）

すなわち、鎌倉大仏は、東大寺大仏と異なり木造であると記しているのだ。ところが、建長《けんちょう》四（一二五二）年八月十七日になると、今度は金銅の阿弥陀像の鋳造《ちゅうぞう》が開始された。

今日、彼岸《ひがん》の第七日に当たる。深沢里に、金銅八丈の釈迦如来像を鋳始め奉る。

右は、『吾妻鏡』建長四年八月十七日条からの引用である。「鋳」という表現から、この時、建立《こんりゅう》されたのは金銅像で、それこそ現存の大仏と考えられている。すなわち、現在の鎌倉大仏は金銅大仏であるが、最初のは木造の大仏であった。つまり、鎌倉大仏には、木造のものと金銅造の二つが造られたのである。その理由ははっきりしない。

従来は、木造のものは、最初から金銅造を造るための原型として造られたとするのが通説であった。しかし、木造を金銅造をつくるモデルとして制作したとするならば、わざわざ大仏殿まで建立するとは考えがたい。それゆえ、最近では、木造のものが何らかの理由で、損傷したので、金銅造に造り直したと考える説が有力である。

金銅大仏が完成したのはいつかははっきりしない。だが、大仏の鋳造を担当した技術者である丹治久友《たんじひさとも》の自称の変化が手がかりとなる。すなわち、丹治久友は、文応《ぶんおう》元（一二六〇）年十一月二十二日付で、武蔵国河肥庄《むさしかわごえしょう》の新日吉山王宮の梵鐘《ぼんしょう》を完成させた。その梵鐘の銘文には、「鋳師丹治久友」と自称している。

ところが、文永元（一二六四）年四月五日には、東大寺真言院《しんごんいん》の梵鐘を造建し、「鋳物師新大仏寺大工丹治久友」と自称している。すなわち、文応元年十一月二十二日の段階では、「鋳師丹治久友」と称していたのが、文永元年四月五日の段階では、「鋳物師新大仏寺大工丹治久友」と称している。この新大仏とは鎌倉大仏であることは間違いなかろう。それゆえ、文応元年十一月二十二日から、文永元年四月五日以前に、つまり一二六〇年から一二六四年の間に金銅大仏は完成したと考えられている（清水真澄、一九七九）。

さらに、後述するように鎌倉幕府が後援した大仏の完成が幕府の公的歴史書『吾妻鏡』に記載されないとは考えがたい。それゆえ、金銅大仏の完成時期は、文応元年十一月二十二日から、文永元年四月五日までの間で、『吾妻鏡』の欠巻がある、弘長《こうちょう》二（一二六二）年か文永元（一二六四）年のいずれかであろうと推測されている。この点は重要なので、後にまた触れよう。

木造大仏も金銅大仏も念仏僧の浄光が勧進の総責任者として広く人々に勧進をし、また幕府も後援を行なって完成させた。念仏僧とは、念仏する（「南無阿弥陀仏《なむあみだぶつ》」と称える）ならば、極楽往生間違いなしとする法然《ほうねん》の弟子筋にあたる浄土系の僧のことである。鎌倉初期の奈良東大寺大仏再建の勧進の中心者（大勧進）重源《ちょうげん》も念仏僧であったが、鎌倉大仏は浄光が重源のような立場であった。

念仏僧浄光

浄光が、元の木造大仏の勧進の中心人物であったことは、『吾妻鏡』などの記事によって明らかであるが、金銅造大仏の勧進も担当していたことは、次の史料からわかる。

（然阿《ねんあ》良忠《りょうちゅう》が）、慈恩房とともに大仏浄光聖《ひじり》に遇《あ》った。浄光が言うには、気持としては大切に扱いたいが、大営（大仏造営）の途中なので（余裕がなく）、四人分の食料を差し上げましょう。また、一軒の宅を（大仏谷に）造りましょう。雑人の方は、鎌倉中に小屋を作って商売してください。

（『授手印決答巻上受決鈔』）

然阿良忠は、浄土宗の鎮西義《ちんぜいぎ》系の僧侶であるが、一二五八年あるいは一二六〇年に、下総《しもうさ》から鎌倉へやってきた。同じ、念仏僧で、鎌倉で名を馳せていた浄光を頼ったのである。その時期は、金銅大仏の建造中であり、大営（大仏造営）の途中という表現からも、浄光が金銅大仏の勧進を担当していたことがわかる。

次に注目されるのは、勧進によって造建されたという点である。勧進というのは、仏教語で、本来は人々に仏教への帰依《きえ》を勧めることを意味したが、後には、寺院・仏像・橋梁《きょうりょう》・道路の建設・補修などに金品や土地などの寄付を人々から募ることを意味するようになった。東大寺の大仏も、知識《ちしき》（勧進とほぼ同義）によって建造されたように、東大寺の大仏を強く意識して建造された鎌倉大仏は、勧進によって多くの人々の協力によって建造されることが必須であった。広く浅く、多くの人々の協力によって作られた仏だからこそ、多くの民衆を、その手にすくい取ると考えられたのだろう。

しかし、重要なのは、鎌倉幕府公認の一大事業であった点である。そもそも、東京オリンピックのための一大土木事業を契機に、東京が大変身を遂《と》げたように、建長寺《けんちょうじ》・円覚寺《えんがくじ》・大仏などの造営事業は、十三世紀半ばの大プロジェクトで、鎌倉に多くの技術者・物資が流入し、鎌倉が大変身する契機であった。幕府も協力していたことが次の史料からわかる。

浄光勧進

新大仏勧進上人浄光跪言上
重ねて人別に一文の御下知を北陸・西国に賜るべき
（中略）祈るところは、東土利益の本尊なり、すでに東土助成の下知に預かる、念ず
るところは西方極楽の教主なり、いずくんぞ西方勧進の中懐を遂げざらん（後略）

右は、延応《えんのう》元（一二三九）年九月の浄光申状（一条家本『古今集秘抄』裏文書）である。それによれば、浄光は、幕府に北陸・西国《さいごく》に対して人別一文を差し出すよう命令してほしいと要請している。ここでは、北陸・西国が対象になっているが、略した部分から、すでに東海・東山・山陰・山陽道には幕府の命令が出されていたことがわかっている。すなわち、浄光は、鎌倉大仏を「東土利益の本尊」と位置づけ、それを幕府にも認めさせ、鎌倉幕府の後援を得た。幕府は、ある意味、税金化してまで大仏の建造に努めたのである。

また、幕府は、囚人を預かっていながら、逃がした御家人《ごけにん》に対して、過料を課し、それを大仏造営料にあてている（『吾妻鏡』仁治二年四月二十九日条）。仁治《にんじ》三（一二四二）年三

月三日の「追加法」（貞永式目以後《じょうえいしきもく》、幕府が出した法令のこと）によれば、幕府は鎌倉中の僧侶の従類《じゅうるい》が帯刀《たいとう》することを禁じ、没収を命じた。その没収された刀剣が大仏に施入されている。それらの刀剣は、溶かして大仏建造の材料にされたと考えられているが、その当時は木造大仏の建造中であり、刀剣を販売して銭に変え、大仏造営の資金に回したのであろう。さらに、建長七（一二五五）年の「追加法」では、人身売買で捕まった輩の売買銭が、大仏へ寄付されている。

このように、幕府は、大仏の建造に協力し、結局、大仏の最終的管理権は将軍が握ることになった。どうして、そう考えられるかというと、先に少し触れた忍性が、弘安《こうあん》七（一二八四）年には、二階堂永福寺《ようふくじ》、五大堂明王院《みょうおういん》とともに、大仏の別当《べっとう》（総責任者）に補任（任命）された。二階堂永福寺、五大堂明王院の二寺は、いずれも将軍が別当の任命権をもつ寺院であり、残る大仏の管理権も将軍の手にあったと推測されるのだ。

次に勧進の主体を担った浄光が注目される。浄光については、はっきりしない点が多い。浄光は、念仏僧であったことは先に述べた。ただし、余行《よぎょう》を排除し、ただ念仏（南無阿弥陀仏と口で唱えること）のみが阿弥陀の選んだ正行《しょうぎょう》であって念仏申せば極楽へ往生できるとする専修念仏の徒ではなかった点に注意しなければならない。戒律護持《かいりつごじ》（持戒《じかい》）といった余行も認める念仏僧であった。鎌倉では専修念仏系は勢力を伸ばせなかったのだ。浄光を訪ねた先の然阿も、そうした念仏僧であった。

また、『東関紀行』によれば、浄光は、遠江《とおとうみ》国（静岡県）の出身であることがわかる。さらに、次の千葉県市原市某寺の阿弥陀如来像の銘文から、文永十一（一二七四）年以前に死去したことがわかっている。

善光寺如来治鋳の志
善光寺如来治鋳の志有り、浄光上人幷《ならびに》二親、養父母及び阿忍二親□□等の出離生死頓証菩提乃至法界平等利益のために治鋳すること件《くだん》のごとし
文永十一年甲戌三月十七日
相模国鎌倉新大仏住侶寛□敬白

この銘文から、浄光上人と二親養父母及び阿忍《あにん》の二親□□等の出離生死、頓証菩提、法界平等利益のために、その善光寺如来が製作されたことがわかる。その発願《ほつがん》者が、鎌倉新大仏住侶寛□であり、浄光上人とは鎌倉大仏の勧進上人浄光であると考えられる。それゆ

え、浄光は、文永十一（一二七四）年三月以前に死亡していたことになる。さらに、その頃には完成した新大仏の住侶として寛□が任命されていたことがわかる。この寛□が、浄光らのために、善光寺式阿弥陀仏像を鋳造したことから、彼は浄光の弟子と推測され、念仏僧であったと推測される。

ところで、建長二（一二五〇）年九月に高野山《こうやさん》の金剛三昧院《こんごうさんまいいん》第四代長老となった浄光坊栄信《えいしん》という僧がいた。金剛三昧院長老には、勧進活動で名を馳《は》せた僧が、鎌倉幕府の推薦などで任命されていることから、この浄光房が大仏勧進上人浄光ではないかとする説（原田正俊、二〇〇三）もある。この説も無視できないので、後で触れたい。

釈迦か阿弥陀か

また、先述したように『吾妻鏡』建長四（一二五二）年八月十七日条には、「金銅八丈の釈迦如来像を鋳始め奉る」とある。ところが、現存のは阿弥陀像であり、それゆえ、その記事は『吾妻鏡』の単純なミスと考えられてきた。

しかし、先述したように、鎌倉大仏は、鎌倉幕府挙げての大工事であり、何が造建されたのか幕府関係者が知らなかったとは考えがたい。それゆえ、その記事が『吾妻鏡』の記載ミスではないとすれば、当初は、阿弥陀像として建てられたのが、十三世紀末の『吾妻鏡』編纂時には釈迦如来像となっていたので、釈迦像と記録されたのかもしれない。最近

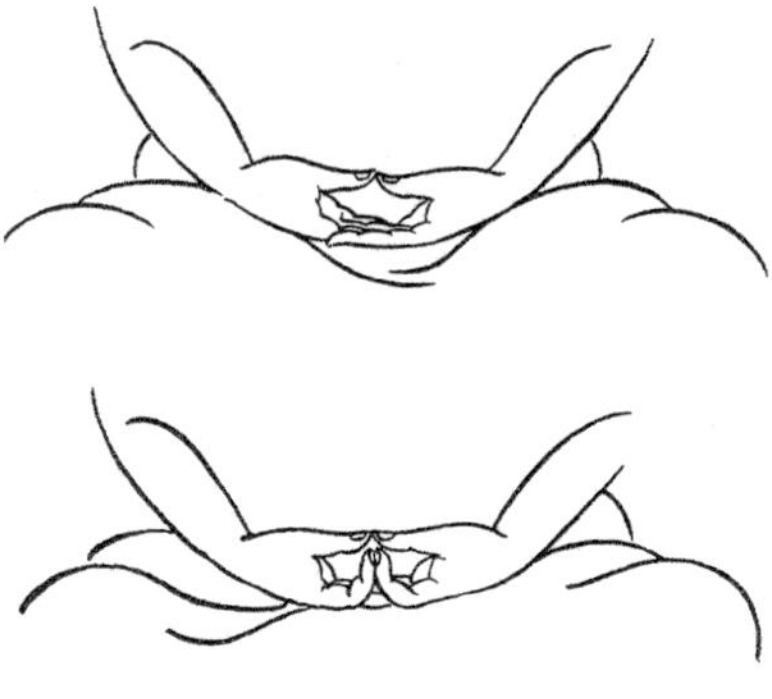
図5　釈迦と阿弥陀の印相
上：釈迦，下：阿弥陀

の彫刻史の成果によれば、釈迦か阿弥陀かは、手の印相《いんそう》によって表されるが、その部分は後で比較的容易に付け替えることができたという。とすれば、初めは阿弥陀像であったとしても、鎌倉時代末の修理時には釈迦像とされ、さらに江戸時代の修理に際して阿弥陀像にもどされた、ということも考えられる。

いつ、誰が造建したのか

金銅大仏の完成年時については、二通り考えられていることは先述した。そのうち、最近では弘長二（一二六二）年説が注目されている。すなわち、鎌倉極楽寺忍性が金銅大仏の主体であったとし、丹治久友などの鋳物師《いものし》たちを関西から連れてきたとする。そして、弘長二年に奈良西大寺叡尊《さいだいじえいぞん》（一二〇一—九〇）が関東に下向《げこう》したのは、大仏開眼会《かいげんえ》への参加のためとし、大仏は弘長二年に完成したとする（馬淵和雄、一九九八）。この馬淵説は大変興味深いので、少し触れてみたい。

馬淵氏の研究は、中世考古学の立場から、もの言わぬ梵鐘、石造宝篋印塔《ほうきょういんとう》、瓦《かわら》などを史料として取り上げ、文献も援用しつつ歴史を語らせようとしている。それらは、ともすれば文献史学者にとっては、扱いにくいものであり、それらを史料として使い歴史を再構築しようとする試みは、大いに示唆に富んでいる。

しかし、馬淵氏の重要な仮説である鎌倉大仏建立と忍性ら叡尊教団との関係については検討の余地がある。

忍性造建説

馬淵氏は、忍性が寛元元（一二四三）年、二十七歳の時に、奈良から関東地方に下向し七月に西大寺に戻ったことを、鎌倉木造大仏の完成供養《くよう》参加のためと推測している。また、建長四（一二五二）年八月十四日（金銅大仏鋳造開始三日前）の忍性の関東下向を大仏勧進のためと推測している。それらの推論に基づいて、鎌倉大仏建立と河内《かわち》の鋳物師など技術者集団の関東下向を推進した人物を忍性だと断定する。

はたして、そうであろうか。まず、寛元元（一二四三）年の関東下向については、師の叡尊の法話の聞き書き集といえる『聴聞集《ちょうもんしゅう》』の「学問シテ益広事」に史料がある。それによれば、忍性は自分が仏教学の理解の面では才能が劣っているので、衆生救済《しゅじょうきゅうさい》の実践活動で努力しようと考えて、関東に下った。その際、伊豆山で湯につかろうとしたところ、吉野の執行　某《なにがし》に出会った。吉野の執行は、戒律上の極めて基本的な質問をし、それに忍性は答えることができた。また、鎌倉で俊芿《しゅんじょう》の弟子の律僧《りっそう》に会った。ところが、その人も戒律上の基本的なことを知らないことがわかった。この二つのことから、忍性は、西大寺で戒律を中心とする仏教を学んだことの重要性と関東地方のレベルの低さを認識し、もう一度、仏教の基本を十分に学んだうえで、十年後に関東に再度下向することにしたという。

この記事は、叡尊が弟子たちに語ったことであるが、忍性が叡尊に語ったことに基づくのであろう。このように、最初の関東下向は、関東の衆生救済に従事するためであったが、結果的には関東の実情調査の意味合いが強かったのである。

一二六二年説

また、先述したように、馬淵氏は弘長二（一二六二）年に金銅大仏が完成したとして、その完成に忍性の関与を指摘し、同年の叡尊関東下向を大仏開眼会への参加のためと推測している。

しかし、忍性が鎌倉大仏建立勧進を主導した事実は、教団の側の史料や特に忍性の伝記『性公大徳譜《しょうこうだいとくふ》』に一切見えない。鎌倉大仏建立は政治的・宗教的にも重要で、かつ勧進に関わることであり、忍性が当初から関係したとすれば、『性公大徳譜』に書かれてしかるべきことがらである。奈良大仏勧進（当時は、知識といった）で大活躍をした行基《ぎょうき》を尊敬した忍性の行為を記した『性公大徳譜』などに、鎌倉大仏建立の関与は全く記されていないので、疑問が生ずる。『性公大徳譜』は、『忍性菩薩行状略頌』ともいい、忍性の遺徳を誰でも誦《じゆ》しやすいように、二五〇句にまとめている。極楽寺《ごくらくじ》僧澄名《ちようみよう》が忍性没後七年後の延慶《えんきよう》三（一三一〇）年十月に記したもので、大いに信頼できるのである。

もっとも、弘安七（一二八四）年に、忍性が大仏の管理責任者になっていることは『性公大徳譜』に記されているので、後に、建立というより大仏の維持管理に大きな役割を果たしたことは間違いあるまい。

一二六四年説

そもそも、私見では、忍性らの新義律宗《しんぎりつしゆう》が関東地方で大きな影響力を持ち始めるのは、建長五（一二五三）年（忍性は建長四年十二月に常陸《ひたち》三村寺に入る）以後で、それ以前においては、念仏僧こそが鎌倉新仏教教団の中では、鎌倉で大きな勢力を誇っていた。実際、念仏僧の往阿弥陀仏がまず鎌倉和賀江津《わかえのつ》の修築を行なっている。また、木造・金銅造ともに鎌倉大仏は、念仏僧浄光による勧進によってなされたことはこれまで述べてきた。鎌倉大仏が阿弥陀であるのも、その主体が阿弥陀信仰の持ち主であったことを端的に示すものである。

当時、一般論として、勧進活動は、中心となった勧進上人の請負事業で行なわれた。とすれば、念仏僧浄光こそが、鎌倉大仏の建立主体として、まず丹治久友など河内の鋳物師集団などを関東に引き入れたと考えられる。それゆえ、当初、念仏僧の浄光らによって連れてこられた技術者を、後に忍性が登用した可能性が高いと考える。こう考えると、先の二説のうち、文永元（一二六四）年建立説が優位に立つことになる。しかし、『吾妻鏡』には必ずしもすべての幕府関係記事が載っているとも限らないので、それも仮説の域を出ていない。

一二五六年説

しかし、従来、全く注目されていない史料に、『鎌倉大仏縁起』がある。享保《きょうほう》二十（一七三五）年正月に大仏の住職養国上人《じゅうしょくようこくしょうにん》が編纂《へんさん》したものである。それには、次のような記事が書かれており、康元元（一二五六）年に金銅大仏は完成したと伝えている。

（前略）康元元年四月十五日、金銅大仏の開眼《かいげん》供養を展、導師ハ高野山の別当の検校《けんぎょう》理賢阿闍梨《りけんあじゃり》を請用《しょうよう》せらるるといへとも、彼山の寺務ハ一山の外に出る事あたハさる例により、則《すなわち》恵智坊《えちぼう》をつかハされ、開眼の導師をつとめさしむ（後略）

すなわち、康元元（一二五六）年四月十五日に、金銅大仏の完成供養が行なわれたという。その際、高野山検校理賢が招かれたが、高野山では寺務は山より外に出られないという例によって、代わりに恵智房が遣わされ、開眼供養の導師を勤めた。

従来、この記事が無視された理由は、おそらく㈠『吾妻鏡』に、そうした記事が見られないこと、㈡理賢は、高野山の二十九代検校で、建久《けんきゅう》元（一一九〇）年に死去しており、康元元年四月時点では生存していない、㈢丹治久友の自称の変化から、鎌倉大仏は文応元年十一月二十二日から、文永元年四月五日以前に、つまり一二六〇年から一二六四年の間に金銅大仏は完成したと考えられている、㈣高野山の僧が開眼供養の導師を勤めるといった、高野山と鎌倉大仏との関係が不明である、等によるのであろう。

けれども、先に紹介したように、浄光が高野山金剛三昧院長老となった浄光坊栄信と同一人物であったとすれば、高野山の恵智房が供養の導師を勤めた理由がよく理解される。また、『吾妻鏡』にそうした記事が見られないことは、先にも触れたが、『吾妻鏡』には必ずしもすべての幕府関係記事が載っているとは限らない、と考えればよい。さらに、高野山検校名に関しては、理賢と間違って伝わったと考えれば、ひとまず辻褄《つじつま》をあわせることができる。ただ、丹治久友の自称の変化から、大仏像建時期を一二六〇―六四年とする説は大いに説得力があるので、それに矛盾する康元元（一二五六）年説は疑問が残る。金剛三昧院の浄光坊栄信については史料が極めて少ないが、浄光坊栄信は、建長二（一二五〇）年に高野山金剛三昧院長老となったらしく、鎌倉大仏勧進と金剛三昧院長老を兼務できたか疑問がないわけではない。それゆえ、ここでは金銅大仏は康元元（一二五六）年に完成したとする『鎌倉大仏縁起』の説を紹介するに止めたい。

忍性の大仏修造事業

ところで、忍性は、弘安七（一二八四）年には、大仏の管理責任者である大仏別当になっている。それゆえ、忍性は、修造の責任者であったことは間違いない。この点は重要で、先述した金銅釈迦《しゃか》像造建の問題は、忍性と大いに関係がある。というのも、忍性（及び彼が属する叡尊教団）は、強烈な釈迦信仰を有していたからだ。

忍性らは、釈迦を思慕《しぼ》し、『悲華経《ひけきょう》』などに依拠して、釈迦の五百大願《ごひゃくだいがん》にならおうとし、釈迦の死後の仏法を聞いたことのない衆生に対して、菩薩行を行なって、この現世において成仏《じょうぶつ》したいと考えていた（松尾、二〇〇四）。

『悲華経』は、釈迦如来が、過去世に宝海梵志《ほうかいぼんし》と呼ばれていた時に、宝蔵仏《ほうぞうぶつ》の御前において五百の大誓願を起こし、菩薩道を行ない、穢土《えど》で成仏したことを説く経典である。その五百大願というのは、『悲華経』では、願文がどこから始まりどこで終わるのかはっきりしておらず、五百といっても、それは概数にすぎないようである。そして、五百大願の内容は、たとえば、衆生に善根を植えるために、阿鼻《あび》地獄、畜生《ちくしょう》、餓鬼《がき》および貧窮《ひんきゅう》の鬼神、卑賤《ひせん》の人中に入って無量の苦を受け、また、仏いまだ出世せざる時は、願じて仙人となりて衆生を教化するなどの願である。

それゆえ、忍性が修造責任者となり、修理に際して、手の印相を釈迦の印相に変えて、釈迦像とした可能性もある。それを踏まえて、『吾妻鏡』編者は「釈迦如来像」としたのかも知れない。

そもそも大仏殿は、文永五（一二六八）年以降、律院化したと考えられている。また、元徳《げんとく》二（一三三〇）年春には、律僧によって大仏造営の資金調達のために中国へ貿易船（「鎌倉大仏造営用唐船」）が出されている（福島金治、一九九六）。とすれば、忍性らの律僧によって、大規模な修造が行なわれたと考えられる。

この極楽寺忍性については、後述する（「律宗寺院――救済と周縁の場」の節参照）が、忍性が大仏の修造責任を負ったころには、大仏《だいぶつ》（知足《ちそく》）尼寺《にじ》という律宗の尼寺が大仏の近くに存在していた。忍性によって開創されたと推測されるが、天野景村《あまのかげむら》の娘行円坊《ぎょうえんぼう》が大仏尼寺の長老であった。この点にも注目しておこう。

鎌倉の大仏殿

ところで、最近の発掘調査によってわかった重要な点が三つある。第一点は、大仏殿の大きさが幅四四㍍、奥行き四二・五㍍であったという。第二点として、木造大仏と金銅大仏の制作された場所が異なるのではないかということである。それは金銅大仏の下に、木造大仏の遺構《いこう》が出てこないことによる。その当否は、周辺のさらなる発掘成果に期待しよう。第三点は、大仏殿は瓦《かわら》葺《ぶ》きではなく檜皮《ひわだ》葺きあるいは柿《こけら》葺きであったということである。発掘により、瓦が出ないことによる。

こうした考古学の成果によって、今後も大仏の真の姿が明らかになっていくのであろう。

浄土宗寺院——葬送の場

長谷寺

長谷《はせ》の大仏を訪ねた方は、長谷寺を訪れる人も多いであろう。長谷寺は、正式には、海光山慈照院《かいこうさんじしょういん》長谷寺という。本尊《ほんぞん》は、有名な十一面観音《じゅういちめんかんのん》立像（一一メートル）で、それに因《ちな》んで、寺を長谷観音とも呼ぶ。もとは、材木座《ざいもくざ》の光明寺《こうみょうじ》の末寺《まつじ》であったが、現在は、単立の浄土宗《じょうどしゅう》寺院である。ただし、江戸時代の正保《しょうほう》二（一六四五）年以前は真言宗《しんごんしゅう》であったという。

年不詳（江戸時代か）の「長谷村浄土宗長谷寺観世音菩薩略縁起《かんぜおんぼさつりゃくえんぎ》」によれば、奈良の長谷観音（奈良県桜井市）と一木二体という。開山は徳道《とくどう》、開基藤原房前《ふささき》、天平《てんぴょう》八（七三六）年草創という。すなわち、奈良時代に、徳道上人《しょうにん》が大和国長谷の山林で見いだした

図6　長谷寺　山門（上）と観音堂（下）

佳《よ》い香りがし、瑞光《ずいこう》を発する楠《くすのき》の大木から、十一面観音像二体を彫りだしてもらった。その内の一体を本尊とし、藤原房前を開基《かいき》として長谷寺（桜井市）を創建し、他の一体は海に流した。やがて、天平八（七三六）年六月、相模長井村（横須賀市）の海上に光明があり、十一面観音が漂流していた。このことが朝廷に聞こえ、また徳道上人を開山とし、藤原房前を開基として長谷寺が開かれた。

こうした長谷寺の開基を古代に遡《さかのぼ》らせる伝承は論ずるにたらない。やはり、中世都市鎌倉の発展につれて、名越新善光寺《なごえしんぜんこうじ》のように、鎌倉にも古代寺院をモデルとした寺院が建立《こんりゅう》されたのであろう。

ところで、寺内の古鐘《こしょう》には、

新長谷寺
椎鐘威力　十方施主
消除不祥　消除災難
心中祈願　決定成就
檀波羅蜜　具足円満

文永元年甲子七月十五日
当寺住持真光
勧進沙門浄仏
大工物部季重

といった銘文がある。すなわち、鐘《かね》は、浄仏《じょうぶつ》という僧の勧進《かんじん》により、文永《ぶんえい》元（一二六四）年七月十五日に物部季重《もののべのすえしげ》という鋳物師《いものし》によって作られたことがわかる。それゆえ、十三世紀後半には寺があったと考えられている。また、新長谷寺と称しており、文永元年七月以前に、奈良の長谷寺をならって開創されたのであろう。

ところで、長谷寺から見る海の眺望《ちょうぼう》はすばらしいが、中世の長谷寺は、由比ヶ浜《ゆいがはま》を眼前に望む地に立っていたと考えられている。長谷寺には、弘長《こうちょう》二（一二六二）年七月十□日付けの板碑がある。秩父《ちちぶ》の青石（緑泥片岩《りょくでいへんがん》）を使い、総高一九一センチと、非常に大きい。板碑の面には、蓮華《れんげ》の台座のうえに、阿弥陀如来《あみだにょらい》を表す梵字《ぼんじ》「キリーク」（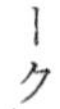）が彫られている。

右志者為父母□□也
弘長二年七月十□日
自他平□□□□

右のような銘文があり、亡父母の追善供養《ついぜんくよう》の板碑とわかる。長谷寺は、かつては、まさに由比ヶ浜の眼と鼻の先にあったが、そうした地は、板碑などの林立《りんりつ》する葬送の場でもあったのであろう。

光明寺

大仏のところで、鎌倉における念仏《ねんぶつ》僧の活躍の一端《いったん》が明らかになった。鎌倉における念仏系の拠点といえば、光明寺を忘れることができない。材木座の浜にも近く、夏には海水浴客が行き来する海岸道から、ほんの少し内陸部に入ったところに光明寺はある。かつての中世都市鎌倉の人工港であった和賀江津《わかえのつ》（飯島）も目と鼻の先のところにある。現在、鎌倉一の伽藍《がらん》を誇る。天照山《てんしょうざん》蓮華院光明寺という。浄土宗鎮西義《ちんぜいぎ》派の大本山《だいほんざん》である。江戸時代には徳川家康《いえやす》の定めた浄土宗学問所関東十八檀林《だんりん》の筆《ひっ》頭《とう》として栄えた。日向《ひゅうが》（宮崎県）延岡《のべおか》城主内藤家の菩提寺《ぼだいじ》でもあったために、同家から延《えん》宝《ぽう》三（一六七五）年に寄付された国宝「当麻曼陀羅《たいままんだら》縁起」（鎌倉時代の作品）でも有名であ

図7　光明寺　山門（上）と大殿（下）

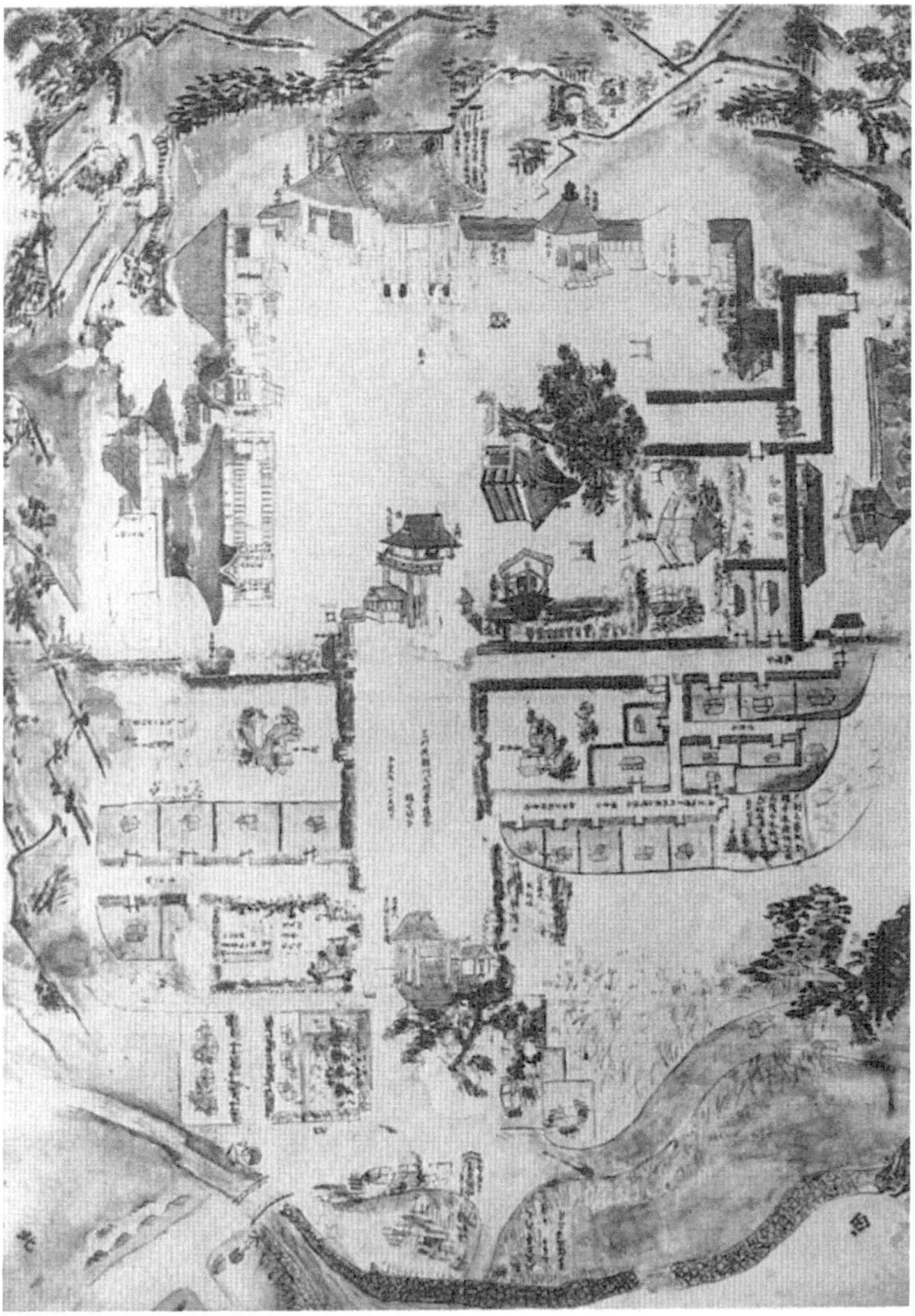

図 8　光明寺境内図（光明寺所蔵）

る。

寺伝によれば、開基は北条経時《つねとき》、開山は先にも触れた然阿《ねんあ》良忠《りょうちゅう》という。しかし、光明寺の歴史は謎に包まれている。いつ建立されたのかもはっきりしない。現在、開基については、北条経時説と大仏《おさらぎ》（北条）朝直《ともなお》説の二説があるが、大仏朝直説が有力である。

正元《しょうげん》二（一二六〇）年頃に下総《しもうさ》（千葉県）から鎌倉に入った浄土宗の良忠（然阿弥陀仏）が佐介《さすけ》に建てた悟真寺《ごしんじ》に始まり、悟真寺が蓮花寺《れんげじ》と改名し、のちに光明寺となったと考えられている。そして光明寺という寺名を確かな文献で確認できるのは明応《めいおう》四（一四九五）年である。正中《しょうちゅう》二（一三二五）年付けの「良暁述聞副文」（『光明寺文書』）によれば、「佐介谷本《もと》悟真寺、今、蓮花寺と号す」とあり、正中二年には蓮花寺と称していた。それゆえ、鎌倉末においては蓮花寺と称し、佐介ケ谷《さすけがやつ》に所在した。

この光明寺の前身悟真寺を建立した開基が大仏朝直と考えられる。では、いつ光明寺は材木座に移ってきたのであろうか。それについてもはっきりしない。

光明寺から和賀江津跡を右にみながら小坪《こつぼ》に入り、住吉《すみよし》城跡の近くに住吉山悟真院正《しょう》覚寺《がくじ》があるが、正覚寺の寺伝によると良忠を荼毘《だび》にふした所という。良忠は悟真院正覚寺で荼毘にふされたとすれば、正覚寺は弘安《こうあん》十（一二八七）年七月に死去した良忠の墓所として建立されたのであろう。良忠墓所を悟真院と名付けたので佐介のもとの悟真寺を蓮花寺と改名したのかもしれない。

ここで特に注目したいのは光明寺境内《けいだい》にある石造地蔵菩薩像である。それは、光明寺裏山第一中学校洞門《どうもん》前の山腹にあった巌窟《がんくつ》に納められていた。巌窟には明治《めいじ》初年までは拝殿《はいでん》があったが、現在では山が削られたために、その中に納められていた石造地蔵菩薩が境内に移されたのだ。

この地蔵菩薩像は、安山岩製《あんざんがん》、像高八六・五セン チ、台座は別石であり、阿弥陀種子《しゅじ》のキリークなどを刻んだ舟形光背《ふながたこうはい》も後補のものである。この地蔵像には次のような注目すべき銘文が刻まれている。

敬白す
地蔵（菩薩）像一　を造立したてまつる
発願は満福寺《まんぷくじ》（住）侶教義
勧進聖は尚養《しょうよう》（寺）常住西連《さいれん》
右、志趣は結縁《けちえん》の衆生安全のためなり

正中二年乙丑九月廿四日仏師沙弥□□

これにより、この地蔵像の発願《ほつがん》者が満福寺の教義であり、勧進聖（募金責任者）が尚養寺の西連で、この地蔵像は正中二（一三二五）年九月に造立されたことがわかる。

この銘文中に出てくる発願者の所属する満福寺についてはほとんど注目されていないが、普通に考えれば、この地蔵がある寺であると考えられる。また、この地蔵は地蔵巌窟にあったという寺伝はあるが、他寺から移ってきたという伝承はない。とすると、光明寺が移転してくる以前（正中二年九月において）は、ここに満福寺という寺があったのではないかと推測される。

ところで、貞和《じょうわ》三（一三四七）年ころまで和賀江には極楽寺《ごくらくじ》末寺と考えられる万福寺があったことが知られている（『鎌倉廃寺事典』）。それゆえ、光明寺が移転してくるまで、極楽寺末寺の万（満）福寺が光明寺のところに位置していたと考える。

さて、後述するように、和賀江津の管理・維持と前浜の殺生禁断《せっしょうきんだん》権を忍性《にんしょう》以来、極楽寺が保持し、貞和五（一三四九）年に、その権利を足利尊氏《あしかがたかうじ》によっても確認された。また、極楽寺は和賀江津の管理・維持のみかえりに和賀江に関所をおいて関米《せきまい》を徴収していた。

それゆえ、貞和五年ころまでは現在の光明寺の地に極楽寺末寺の万福寺を建立して和賀江の管理・維持の拠点としていたと推測される。とすれば、光明寺は、貞和五年よりも後になって移転してきたことになる。

一遍の活動

鎌倉にゆかりある念仏僧の一人こそ時宗《じしゅう》の祖師一遍《いっぺん》（一二三九―八九）である。一遍は、伊予《いよ》（愛媛県）の武士の子であるが、十三歳の時に大宰府《だざいふ》に渡って、浄土宗西山義《せいざんぎ》の聖達《しょうたつ》、華台《けだい》のもとで修行した。弘長三（一二六三）年には伊予に帰り、いったんは還俗《げんぞく》（俗人にかえること）した。

ところが、再び出家《しゅっけ》して、諸所で修行し、文永十一（一二七四）年ついに熊野《くまの》本宮証誠殿《しょうせいでん》で次のような夢告《むこく》を受けた。信・不信に関係なく、心のはからいによらず、ただ口にまかせて南無阿弥陀仏の名号《みょうごう》を唱え、また名号に結縁することにより、阿弥陀と一体となり、むかし犯した十悪五逆の罪障《ざいしょう》も消滅し、衆生《しゅじょう》は救済される。それゆえ、ただひたすら「南無阿弥陀仏　決定往生　六十万人」と書いた札を配れ（賦算《ふさん》）、と。以後、諸所を遊行《ゆうぎょう》しつつ賦算した。さらに、弘安二（一二七九）年以来、踊り念仏を始めた。

そうした一遍は、弟子たちを引き連れ、鎌倉へ入ろうとした。その時の一遍の決意は悲壮《ひそう》なもので、鎌倉での布教《ふきょう》に成功するか否かに、自己の宗教者生命を賭《か》けていた。弘安五（一二八二）年三月一日、一遍一行は、常陸《ひたち》、武蔵《むさし》を経て、鎌倉の北の入口巨福呂坂《こぶくろざか》から鎌倉へ入ろうとする。ところが、その日は、北条時宗《ときむね》が山内《やまのうち》へ出かける日で、警固《けいご》の武士に鎌倉入りを阻止された。一遍は、鎌倉の外の山中で野宿《のじゅく》し、翌日から、鎌倉の西南の境界に当たる片瀬《かたせ》（藤沢市片瀬）で、四ヵ月間にわたって布教し、大成功をおさめた。

先述したように、由比ヶ浜には一向堂《いっこうどう》があったが、それは一遍系の時衆が管理するお堂で、葬送《そうそう》に従事していたのであろう。

法然門流と鎌倉

念仏僧といえば、鎌倉で弾圧されたイメージがある。たしかに、鎌倉幕府の法令を見ていると、一見抑圧されていたようにも見える。しかし、それらをよく読んでみると、魚・鳥を食べ、女犯《にょぼん》を犯すような破戒の念仏者に対する禁止である。それゆえ、戒律《かいりつ》を護持《ごじ》した念仏僧であれば、容認され保護された。

鎌倉において念仏僧が活躍しだすきっかけとなったのは、承元《じょうげん》の法難《ほうなん》（一二〇七年）により、法然《ほうねん》の弟子隆寛《りゅうかん》が関東へ下向《げこう》したことであった。隆寛は神奈川県厚木《あつぎ》で死去したが、隆寛の下向により、念仏が関東へ広まったという。日蓮《にちれん》が、浄土宗《じょうどしゅう》批判を展開するように鎌倉でも念仏信仰は大いに盛んであった。

しかし、これまで触れてきたように、その信仰内容は念仏のみならず、戒律護持なども認める諸行本願義系《しょぎょうほんがんぎ》などが中心で、念仏を絶対視し、戒律護持などの余行を認めない、いわゆる専修念仏系は目立たない存在であった。他方、十三世紀半ばにおいては、念空道教《ねんくうどうきょう》（?―一二八七）が、公認された念仏僧の中心人物であった。念空道教は、法然の弟子長西《ちょうさい》の弟子で、鎌倉念仏者の首領《しゅりょう》であり、名越《なごえ》にあった新善光寺長老であった。

親鸞門流と鎌倉

さて、専修念仏の筆頭であった親鸞《しんらん》は、建保《けんぽう》二（一二一四）年、承元の法難に際して配流された越後《えちご》（新潟県）から常陸（茨城県）へ移り、稲田《いなだ》（茨城県笠間《かさま》市）に長期間滞在したという。『門侶交名』という親鸞の弟子を書き上げたものによれば、直《じき》弟子として四四名が挙がっている。それゆえ、親鸞の布教がある程度の成功を得ていたことがわかる。

その結果、親鸞自身も鎌倉へ入ってきた可能性もある。文暦《ぶんりゃく》二（一二三五）年二月には、北条泰時《やすとき》に頼まれ、明王院（五大堂）に奉納《ほうのう》する一切経《いっさいきょう》の校合《きょうごう》を行なったという。鎌倉成福寺《じょうふくじ》（小袋谷《こぶくろや》）の寺伝によれば、北条泰時の息泰次《やすつぐ》（成仏）が貞永《じょうえい》元（一二三二）年、親鸞に帰依して寺を作ったというが、はっきりしない。成福寺は、のちに、まず伊豆に移転し、再び現在地へ戻ったという。

そうした親鸞の鎌倉での活動は、念仏者側や幕府を刺激し、文暦二（一二三五）年七月十四日付で、「道心堅固の者においては、異儀に及ばず、しかるにあるいは魚鳥を喰《く》い、女人を招き寄せるような念仏者は鎌倉から追放する」という法が出される。

それによって、肉食・妻帯《さいたい》を認める親鸞門流は大打撃を受けたと推測される。親鸞も長年住み慣れた稲田から京都へ戻った。

もっとも、正応《しょうおう》四（一二九一）年には平　頼綱《たいらのよりつな》の後援により鎌倉で坂東本『教行信《きょうぎょうしん》証《しょう》』が刊行されるなど、鎌倉末には親鸞門流も鎌倉で展開していたことを忘れてはならない。先の成福寺こそ、専修念仏系の唯一残った鎌倉での拠点であったといえる。

都市鎌倉といえば、建長寺《けんちょうじ》などの禅寺《ぜんでら》が思い起こされるが、鎌倉で最初に勢力を得た鎌倉新仏教の勢力とは、法然（一一三三―一二一二）門下の浄土系僧（当時の史料では「念仏僧」と表記された）であった。貞永元（一二三二）年に、鎌倉の和賀江津を最初に建設したのも往阿弥陀仏《おうあみだぶつ》という念仏僧であったし、鎌倉大仏も念仏僧の浄光《じょうこう》の勧進《かんじん》活動によって建造されたのである。このように、念仏僧が、当初、鎌倉人の心を大きくとらえていた。ただし、専修念仏ではなく念仏以外の諸行も認める念仏僧であったことはおさえておきたい。

そして、十三世紀半ばにおける、念仏僧の中心人物こそは、先に触れた、都市鎌倉の東南の境界に位置する名越新善光寺を拠点としていた念空道教であった。この念空道教が、弘長二（一二六二）年の叡尊《えいぞん》鎌倉下向の際に、叡尊に帰依《きえ》したために、鎌倉の念仏僧の世界は大きく変化することになった。すなわち、念仏の寺から、戒・念仏の寺となる寺院が続出することになった。忍性が入る極楽寺や先述した浄光明寺《じょうこうみょうじ》などはもともと念仏系の寺であったのが、十三世紀の半ばころに律宗寺院化したのである。その結果、後述する極楽寺忍性を中核として、律僧と念仏僧の連合ができていった。それこそ、日蓮が念仏僧と律僧を一緒にして批判した重要な背景の一つであろう。

この点を踏まえて、次に律宗の展開を見てみよう。

律宗寺院――救済と周縁の場

四境を守る律宗寺院

沢庵宗彭《たくあんそうほう》（一五七三―一六四五）は、寛永《かんえい》十（一六三三）年十一月に鎌倉を訪ね、その紀行『鎌倉順礼記《じゅんれいき》』を著した。沢庵は、鎌倉五山《ござん》を巡拝し、ついでに金沢称名寺《かなざわしょうみょうじ》、江ノ島《えのしま》を歴覧した。『鎌倉順礼記』によって、荒《こう》廃《はい》した鎌倉の寺社《じしゃ》の様子が彷彿《ほうふつ》とされる。その中に、次のような都市鎌倉の寺社配置に関する注目すべき記事がある。

> 宮柱ふとしき立て丶万代《ばんだい》に今ぞさかえむ鎌倉の里ときこえしは、そのかみ三浦《みうら》の一党頼朝《よりとも》におもひ付申て、北条より此里へむかへいれ奉りてより、威光めでとふして、天

下を掌のうちに治め給ひけるとか、（中略）、神の宮寺には東方の化主医王善逝《けしゆいおうぜんぜい》を安置し、ゆふべあかつきの鐘《かね》のひゞき無常の夢をおどろかし、四方かためとて里の四隅に四箇の律寺《りつじ》を創め国泰民安の祈をつとめ、仏の威儀をあらはし衆生《しゆじよう》を利益し給ふ、

中世の鎌倉は、中心に鶴岡八幡宮《つるがおかはちまんぐう》があり、四隅《よすみ》（四境《しきよう》）に律寺が置かれる配置になっていた（引用部分の傍線部）、という。

こうした理解は、沢庵一人の理解というより、金沢称名律寺や極楽律寺を訪ね、僧たちから聞いた情報に基づくのであろう。とすれば、十七世紀の前半において、鎌倉の中心には鶴岡八幡宮が、四境に律寺が配置されていたというイメージが存在していたことになる。四境に立つ律寺とは、具体的には、西南の極楽寺《ごくらくじ》、東南の満福寺《まんぷくじ》（先述の通り光明寺《こうみようじ》のところに所在したようである）、東北の金沢称名寺であろう。西北ははっきりしないが、相模《さがみ》浄福寺《じようふくじ》をはじめ、鎌倉にあったことが確実でありながら、どこにあったかわからない律寺も多いので、鎌倉の西北に律寺があったというのは大いに可能性がある。

このように、律寺は都市鎌倉の四境に配置され、四境を守る存在とする認識が存在したのである。実際、中世において、とくに、十三世紀の後半から末期の鎌倉において、禅宗

とともに鎌倉極楽寺の忍性《にんしょう》（一二一七—一三〇三）に代表される律宗《りっしゅう》は、鎌倉においても大いに勢力を持っていたのである。

もっとも、律宗というと、従来は奈良時代に国家によって公認された仏教研究者集団である南都六宗《なんとろくしゅう》（三論《さんろん》、成実《じょうじつ》、法相《ほっそう》、倶舎《くしゃ》、華厳《けごん》、律《りつ》）の一つの律宗と同じと考え、鎌倉期の律宗は、その復興活動と理解されがちであった。

しかし、鎌倉時代に大活躍する律宗は、それとは立場的にも、教義的（救済活動に現れるが）にも、教団のレベルでも、決定的に異なり、新仏教教団（私は、区別するために新義《しんぎ》律宗《りっしゅう》と呼ぶ）と理解すべきである。以後、律僧というのは、新義律宗の僧のことである。

南都六宗の律宗は、官僧（官僚僧）が担い手であって、戒律研究者というべき存在であった。また、葬式従事の制約など官僧には種々の制約があって、俗人の信者を含む教団を形成しなかった。他方、鎌倉期の律僧は、官僧ではなく、私僧であった。また、禅僧や念仏僧と同様に「遁世僧《とんせいそう》」と呼ばれ、教団を形成した。律僧は官僧の制約から自由となって葬送従事など革新的な活動を行なったのである。とくに、官僧は白衣《びゃくえ》（白袈裟《けさ》）を典型的ないわば制服としたのに対して、遁世僧のほうは黒衣《こくえ》（黒袈裟）が典型的な制服であった。それゆえ、服装の面でも大いに異なっていた。

叡尊・忍性

律僧の代表者は、奈良西大寺の叡尊《えいぞん》（一二〇一―九〇）である。弘長《こうちょう》二（一二六二）年には、北条時頼《ときより》の招請《しょうせい》を受けて鎌倉にやってきて、多くの信者を獲得した。これは、大仏開眼会《かいげんえ》のためと推測する説もあることは前述した。だが、鎌倉で大活躍した律僧といえば、叡尊の高弟の一人良観房忍性の方である。忍性の活躍により、鎌倉に極楽寺・多宝寺《たほうじ》・浄福寺《じょうふくじ》・釈迦《しゃか》堂・万福寺《まんぷくじ》といった寺院が成立し、鎌倉の新義律宗は最盛期を迎えた。

忍性は、良観房ともいい、建保《けんぽう》五（一二一七）年七月十六日に、大和《やまと》国城下《しきのしも》郡屏風《びょうぶ》里（奈良県磯城郡三宅町屏風）に生まれた。父は伴貞行《とものさだゆき》、母は榎《えのき》氏である。貞永《じょうえい》元（一二三二）年に額安寺《かくあんじ》で出家《しゅっけ》し、官僧となったが、仁治元（一二四〇）年には遁世（官僧を離脱）して、叡尊の弟子となり、奈良のハンセン病患者などの救済活動に努めた。建長四（一二五二）年以後は関東に下り、同年十二月以来、十年間は、常陸《ひたち》（茨城県）三村《みむら》寺を拠点にしていた。一二六二年には鎌倉に入り、釈迦堂・多宝寺を経て、文永《ぶんえい》四（一二六七）年には極楽寺に入った。文永四年以後、忍性は極楽寺を中心にハンセン病患者救済をはじめ、橋・港湾の整備、寺社の修造など様々な社会救済事業を行なった。鎌倉版マザー・テレサと私は呼んでいる。忍性は、嘉元元（一三〇三）年七月十二日に、極楽寺で死去した。

忍性の火葬骨は、三分割され、極楽寺と奈良県の竹林寺《ちくりんじ》・額安寺に分置された。極楽寺には忍性の墓である五輪塔が現存する。高さは三・〇八メートルもある巨大な安山岩製の石造五輪塔である。その姿には、慈善救済活動に命を懸けた忍性の思いが現れている。

以上が忍性の略伝であるが、忍性の拠点であった極楽寺に注目しよう。

極楽寺

極楽寺は、忍性を開山《かいざん》とし、山号《さんごう》は霊鷲山《りょうじゅせん》という。現在は真言《しんごん》律宗の寺院である。江ノ電《えのでん》極楽寺駅を降りて、橋へ向かって歩いてゆくと左手に茅《かや》葺《ぶ》きの極楽寺の門が見える。橋を渡り、導《みちびき》地蔵《じぞう》のところで左折すれば、そこは極楽寺である。極楽寺駅から徒歩一分だ。現在の極楽寺は、中世の繁栄ぶりを知る者にとっては、その衰退ぶりには驚かされる。

中世の極楽寺は、裏手の稲村《いなむら》ヶ《が》崎《さき》小学校の部分を中心に百を超える支院《しいん》が展開していた。毎年、四月八日には、忍性の墓が一般公開され、参拝が許されるが、稲村ヶ崎小学校のグラウンドを右手に見ながら坂道を上っていくと、その一帯に支院が林立していた様が彷彿とされる。

そうした支院の中に、忍性によって、「癩宿」といったハンセン病患者などの治療施設が作られたことは大いに注目される。現在、宝物館の前に、巨大な薬鉢と千服臼《うす》が雑然と

図9　極　楽　寺

図10　極楽寺の千服茶臼と製薬鉢

置いてある。それらこそ、忍性による治療活動の貴重な遺物である。薬鉢では、漢方薬《かんぽう》が調合され、臼では薬の材料がすりつぶされたのであろう。その大きさから、収容されていた患者の多さが推測される。極楽寺は、一大治療センターであったのだ。また、そうした救済事業によって、鎌倉幕府の後援を得た忍性は、道路・橋・港・由比ヶ浜《ゆいがはま》での漁業権の管理までも委託されるようになった。

極楽寺は、その名前と裏腹に、地獄と背中合わせの地であった。実際、極楽寺のある場所は、元は「地獄谷」と呼ばれていたのである。極楽寺は、都市鎌倉の西南の境界、入口に位置する。そうした地は、死体が捨てられるような場であり、ハンセン病患者や乞食の群がる地であった。中世においては、極楽寺坂切通《きりとお》しという、狭いところでは馬一頭がやっと通れるくらいの谷を通じて、鎌倉中とつながっていた。

極楽寺の忍性

忍性は、文永四（一二六七）年八月、鎌倉内の多宝寺から極楽寺へ移った。時に五十一歳であった。『極楽寺縁起《えんぎ》』によれば、極楽寺の開基《かいき》である北条重時《しげとき》の七回忌《き》の追善《ついぜん》を行なうためであったという。以後、一三〇三年に八十七歳で生涯を終えるまで、極楽寺は忍性の活動拠点であった。

極楽寺が、いつ律宗寺院となったのかについては明確ではない。『極楽寺縁起』により、

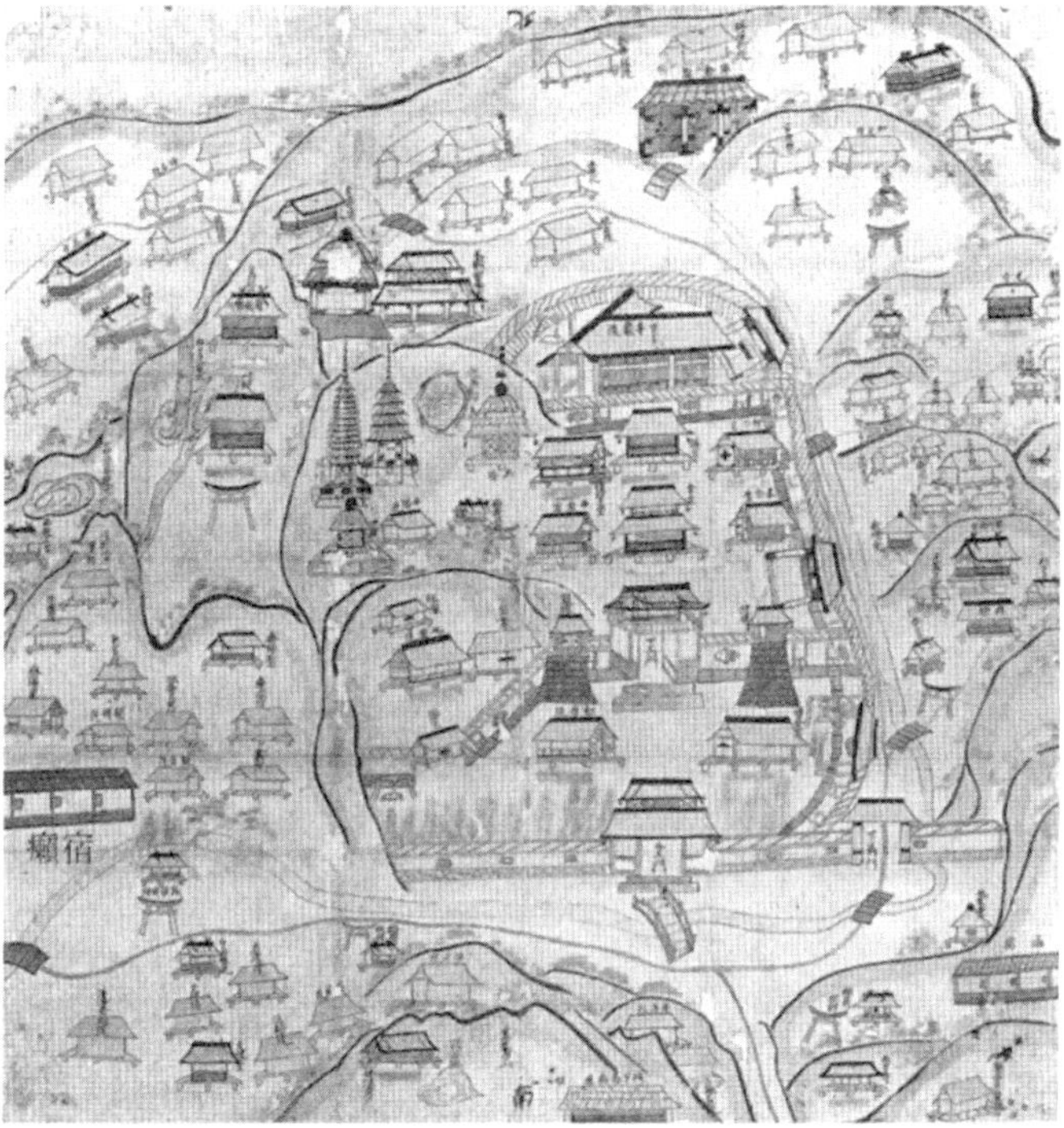

図11　極楽寺絵図（極楽寺所蔵）

従来は、次のように考えられてきた。なお、『極楽寺縁起』は、元徳元《げんとく》（一三二九）年の撰に擬《ぎ》せられているが、実は元弘元《げんこう》（一三三一）年以後の製作である。

極楽寺は正嘉《しょうか》二（一二五八）年以前に、北条重時を開基とし、念仏僧の正永《しょうえい》和尚《おしょう》を開山として深沢谷《ふかさわがやつ》に開かれた。伽藍《がらん》の整備が未だ整わない正嘉二年に正永和尚が亡くなると、正元《しょうげん》元（一二五九）年には現在地の地獄谷に移って伽藍が整備された。北条重時の三回忌（弘長三〈一二六三〉年十月）が浄土宗証空上人《しょうくうしょうにん》の弟子宗観房《そうかんぼう》（名越《なごえ》一族で極楽寺根《こん》本《ぼん》という）を導師として行なわれているので、そのころまでは浄土宗系の寺院であった。忍性が長老として北条長時《ながとき》、業時兄弟に招かれ、文永四（一二六七）年八月に極楽寺に入ったのを契機に、極楽寺は、念仏系の寺院から律宗の寺院となった。ようするに、文永四年八月以降になって律寺化したと考えられてきた。

しかし、忍性が入寺して初めて律寺化したといえるかはやはり疑問である。というのも、『極楽寺縁起』によれば、「宗観と号する長老、即ち律相宗に帰依《きえ》、而《しかして》当院中に住す」とあり、また、多宝寺にいる忍性が病気などの時は、長老代行を勤めたとあるからである。

つまり、極楽寺長老宗観房は忍性に帰依し、律僧となり、北条重時の三回忌は律僧として執行された可能性がある。そして、弘長三（一二六三）年十月には、忍性が極楽寺の長老となっていたにもかかわらず、多宝寺に住んで、極楽寺・多宝寺の両寺の長老を兼務していたがために、忍性に代って宗観房が導師《どうし》を勤めたと考えたい。

都市鎌倉は鎌倉新仏教教団の競争の場であり、それゆえ、念仏の寺や念仏僧が律寺や律僧に変っても不思議ではなかった。とくに、鎌倉の念仏者の首領念空道教が叡尊の弟子となったことは決定的なことで、以後、念仏者と浄土系の寺は律宗化していった。たとえば、金沢称名寺も念仏寺から律寺に変ったし、忍性は鎌倉大仏の別当にもなっている。

律宗の慈善救済

ところで、忍性は、奈良にいた頃から、非人救済につとめ、『元亨釈書《げんこうしゃくしょ》』には、忍性が「癩者」を背負うという、「癩者」に直接接触する慈善救済活動を行なったことなどが記されている。『元亨釈書』の作者禅僧虎関師錬《こかんしれん》（一二七八―一三四六）が、そうした話を採録したのは、ハンセン病者に対して直接接触する忍性らの慈善救済活動が極めて注目すべきことだったからであろう。なぜなら、当時、ハンセン病患者は、東大寺《とうだいじ》の官僧たちが、非人温室（非人用の風呂）が近くにあるだけで、穢《けが》れの気があるとして忌避《きひ》するような立場に置かれていたからである。それゆえ、『元亨釈書』の話からも、忍性が穢れに触れることを恐れていなかったことが読み取れる。

そのような忍性の救済活動が弟子たちに受け継がれていたことが次の史料から窺える。

（前略）非人ゆ（湯）をあひせ候はん時、かたい（乞丐）のあか（垢）なんとを、僧達すらせ給候ハんずるにて候、御入り候て、御結縁御坐候はば、もつとも悦入《よろこびいり》候、委細の由、此僧申さられ候へく候、是非十人御施主に憑たてまつり候べく候、（後略）

（『神奈川県史　資料編2　古代・中世(2)』一六三三号、傍線筆者）

この史料は、嘉元《かげん》・徳治《とくじ》年間（一三〇三―一三〇八）の間にあった極楽寺の火災直後の時期に出された書状と考えられる（細川涼一、一九八八）。忍性死後の書状であるが、断簡であり、だれからだれへ出されたのかはっきりしない。極楽寺や称名寺など律僧間の書状と推測される。とにかく、傍線部からわかるように、忍性没後も、律僧たちが、ハンセン病患者たちの垢《あか》をするという、身体に直接触れる救済活動を展開していたことは大いに注目される。また、引用は省略したが、この史料から極楽寺の周辺の坂下の非人宿に文殊《もんじゅ》像を安置していたことがわかる。ここ鎌倉でも忍性のハンセン病患者救済活動が文殊信仰に基づいていたことも理解される。

（前略）

御布施
（中略）
銭百貫文　非人施行料　送極楽寺
銭三十貫文　放生料　同
（以下略）

これは、元亨《げんこう》三年（一三二三）十月に円覚寺《えんがくじ》で行なわれた北条貞時《さだとき》十三回忌の「供養記」の一部である。傍点部より、極楽寺が非人施行《せぎょう》（非人への施物《せもつ》の給付）を担当したことがわかる。円覚寺で十三回忌の供養をしたのだから、円覚寺が非人施行を行なってもよいはずなのに、幕府はわざわざ極楽寺に非人施行を担当させていた。ここでの非人とは、ハンセン病患者を中核として、乞食・墓掘などに従事した人々を指している。すなわち、忍性没後の鎌倉末期においても、極楽寺は非人とよばれる人々を対象とする幕府の「慈善事業」を一手に代行していた点にも注目しておこう。

律宗の社会事業

ところで、忍性は、港湾の管理し、寄港した船から税を取る権利を認められていた。それが、港湾の維持や救済活動の原資となったのである。鎌倉の港といえば、隣国武蔵国《りんごくむさしのくに》に所属した六浦《むつら》（横浜市金沢区）が有名であるが、中世においては和賀江津《わかえのつ》こそ鎌倉の重要な港であった。和賀江津は飯島《いいじま》ともいい、材木座《ざいもくざ》海岸の、現光明寺の前浜あたりに突き出て造成された人工岸壁である。現在は、干潮《かんちょう》時に黒々とした丸石が露顕《ろけん》するだけになってしまっている。

和賀江津は、貞永元（一二三二）年七月十二日に、念仏僧の往阿弥陀仏《おうあみだぶつ》が、「舟船着岸の煩いなからんがため、和賀江津を築くべし」（『吾妻鏡《あずまかがみ》』同日条）と、鎌倉幕府に申請してできた人工の島である。時の執権北条泰時《やすとき》は大いに喜んで許可し、諸人とともに協力したという。鎌倉の前浜は、遠浅《とおあさ》で中国船などの大きな船の着岸には適さなかったのである。

この和賀江津の修築と維持・管理に関しても、忍性を中心とした極楽寺が大きな役割を果たした。次の史料をみよう。

飯島敷地升米《しょうまい》ならびに嶋築および前浜殺生《せっしょう》禁断等事、元の如く、御管領《かんれい》あり、嶋築興行《こうぎょう》といい、殺生禁断といい、厳密沙汰を致さるべし、殊《こと》に禁断事おいては、天下安全、寿算長遠のためなり、忍性菩薩の例に任せて、其沙汰あるべく候、恐々謹言

貞和五年（一三四九）二月十一日　尊氏在判

極楽寺長老　（『極楽律寺史』一四六頁、傍点筆者）

この史料は、足利尊氏《あしかがたかうじ》が、貞和《じょうわ》五（一三四九）年二月十一日付で、極楽寺に対して、「飯島敷地升米ならびに嶋築および前浜殺生禁断等」に関する支配権をもとの如く認めたことを示している。飯島（和賀江津）の敷地で、着岸した船から関米を取る権利を認められたが、それは飯島の維持・管理（島築き）の代償でもあったこともわかる。また、前浜の殺生禁断権も認められていた。しかも、そうした権利は、傍点部からわかるように、忍性以来のことであった。また、殺生禁断活動が、「天下安全、寿算長遠」のためと位置づけられていたことがわかる。この飯島の関米徴収は、現在の光明寺のところに所在した極楽寺末寺の万福寺が担当していた（松尾、一九九三）。

さらに、極楽寺には、『極楽寺絵図』などから、法華寺《ほっけじ》という尼寺の存在が知られる。律寺には、極楽寺と法華尼寺《にじ》、金沢称名寺と海岸尼寺といった具合に、尼寺が僧寺とペアに作られていたようである。忍性らは、女性の救済においても重要な役割を果たしていた点も忘れてはならない。

図12　多宝寺覚賢五輪塔

扇《おうぎ》ヶ谷《がやつ》の浄光明寺の裏山を登ってゆくと、知る人ぞ知る巨大な五輪塔に出会う。多宝寺覚賢《かくけん》五輪塔だ。多宝寺は、山号を扇谷山という。

多宝廃寺五輪塔

現在は、廃寺である。

多宝寺は、かつて極楽寺とともに鎌倉の律宗寺院として大いに繁栄を遂げていた。多宝寺谷を中心とする一帯に所在した。すなわち、南は泉《いずみ》の井《い》あたり、東は「現在妹尾小児科の前から泉ケ谷の奥に通じる市道」（大三輪龍彦、一九六八）、北は泉ヶ谷最奥部の谷までと考えられている。西ははっきりしない。

文応《ぶんおう》元（一二六〇）年八月に日蓮が書状を送った十一所のうちの一つに「多宝寺」が記されている（『日蓮上人註画讃』）。それゆえ、それ以前に存在していた可能性はあるであろう。

忍性の伝記『性公大徳譜《しょうこうだいとくふ》』によれば、弘長二（一二六二）年、四十六歳の時には、北条光業（業時のことか）が多宝寺に招請し、そこに止住《しじゅう》すること五年であったという。その ことから、その開基は北条業時《なりとき》と推測される。また、忍性は極楽寺に入る前には多宝寺に住んでいたこともわかる。

律宗寺院には、五輪塔など石造遺物が多いが、この多宝寺にも、安山岩《あんざんがん》製の総高三二八・一センチ《チセン》もの大きな五輪塔が存在する。その五輪塔は、忍性の五輪塔と伝えられてきた。ところが、関東大震災後の復旧工事中に、反花座《かえりばなざ》より青銅製舎利《しゃり》器五個が発見された。そして、その内の一個に次の銘文が施されていて、その五輪塔が多宝寺長老覚賢のものであることが明らかとなった。

多宝寺覚賢長老

遺骨也
嘉元四年二月十六日
入滅

すなわち、多宝寺覚賢長老の遺骨で、覚賢が嘉元四（一三〇六）年二月十六日に死去したことがわかる。

また、考古学的調査によって、この塔は開山塔として、火葬の行なわれた荼毘所《だびしょ》に建てられたと考えられている。それゆえ、覚賢が開山と考えられている。この覚賢については、はっきりしない。ただ、叡尊から菩薩戒の授戒を受けた弟子を書き上げた『授菩薩戒弟子交名』に出てくる常陸国人実法房覚賢と同一人物かもしれない。

多宝寺は、先述のように、忍性入寺以前に存在していたが、忍性入寺以後、発展し、繁栄を遂げていた。『日蓮上人註画讃』によれば、文永八（一二七一）年の干魃《かんばつ》に忍性が行なった祈雨祈禱には浄光明寺僧とともに多宝寺僧も参加し、その数が数百人と記されている。徳治元（一三〇六）年、覚賢の跡を嗣《つ》いで順忍が長老に就任している。『金沢文庫古文書《かねざわぶんこ》』の聖教《しょうぎょう》類の奥書によれば、多くの聖教の書写が当寺でなされている。戦国時代には廃寺《はいじ》となったらしい。

このように律宗の拠点として、多宝寺廃寺も忘れてはならない。

金沢称名寺

律宗の拠点として、金沢称名寺も重要であった。金沢称名寺は、現神奈川県金沢区金沢町にある真言律宗の寺院である。もとは、極楽寺の末寺であった。金沢山称名寺という。金沢文庫で知られる。称名寺は、鎌倉の所在した相模国ではなく、隣国武蔵国に属した。しかし、鎌倉の東の入口朝比奈《あさひな》切通しを越えて所在した六浦津が、鎌倉の外港として栄え、鎌倉と強く結びつけて理解されていたため、六浦津を管理した称名寺も、鎌倉の西北の境界に建つ律寺として触れる必要がある。

図13　称名寺　山門

称名寺は、北条実時《さねとき》（一二二四—七六）の持仏《じぶつ》堂に始まる。北条実時は、義時の五男実泰の子で、評定衆《ひょうじょうしゅう》・引付《ひきつけ》衆といった鎌倉幕府のいわば閣僚・裁判官などを歴

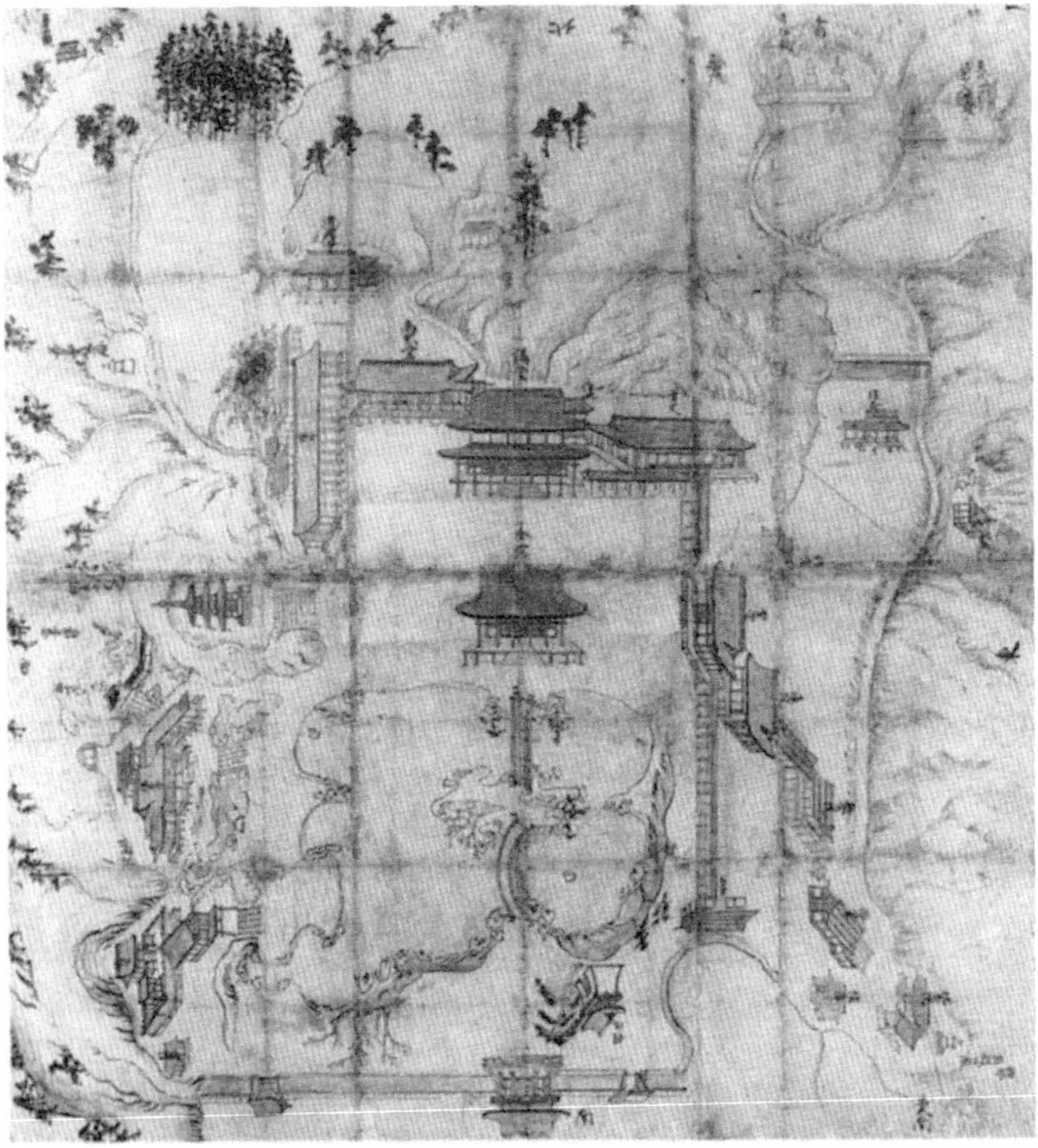

図14　称名寺絵図（称名寺所蔵）

任した。

称名寺の所在地は、武蔵国六浦荘内で、そこは、もと和田氏の所領であったが、建保元（一二一三）年五月二・三日の和田《わだ》の乱により、没収されて義時領となり、義時の死後は実泰に譲与された。実泰は、釜利谷郷《かまりや》（金沢区）に邸宅をもったが、実時は正嘉二（一二五八）年に館を金沢郷に移し、持仏堂を設けた。その後、正元元（一二五九）年に、実時は二親のために伽藍を建立し、称名寺と名付け、不断念仏衆が置かれる念仏僧の住む寺となった（神奈川県立金沢文庫編、二〇〇一）。

弘長二（一二六二）年の叡尊関東下向《げこう》に際して、実時は称名寺の不断念仏衆を廃止し、それを叡尊の住所として提供しようと申し出た。叡尊は、かねて思うところがあって資縁《しえん》のある寺には住まないし、自分の住所にするために不断念仏を止めるのはいわれのないこととして断った。

実時は、称名寺を律寺となすべく住持の推薦を忍性に頼み、忍性は審海《しんかい》を推薦した。審海は再三固辞したが、結局、それを了承した。文永四（一二六七）年九月のことであった。和島芳男氏の『叡尊・忍性』ではそれを文永五年のこととするが、最近の研究では文永四年とする。

審海は、下野薬師寺《しもつけやくしじ》の住僧であった。下野薬師寺は、現在の栃木県河内《かわち》郡南河内町大字薬師寺にあった。天武《てんむ》天皇（?—六八六）が建立した寺院という。薬師寺は、鑑真《がんじん》によって、天平宝字《てんぴょうほうじ》五（七六二）年に戒壇《かいだん》が樹立されたことで知られる。この戒壇は、大和（奈良県）東大寺・筑前《ちくぜん》（福岡県）観世音寺《かんぜおんじ》両戒壇とともに、天下の三戒壇と呼ばれる国家的戒壇の一つで、「坂東《ばんどう》十国」の受戒希望の沙弥《しゃみ》が集まった。その戒師は、東大寺戒壇で三師七証を勤める僧の中から選ばれた。薬師寺は、戒壇での授戒が十一世紀には機能を停止するほど衰退していった。しかし、十三世紀半ばには、叡尊の同志であった覚盛の弟子良《りょう》遍《へん》の命を受けた律僧の慈猛《じみょう》（密厳《みつごん》）（一二一一—七七）によって「復興」（単なる復興ではなく、鎌倉新仏教教団としての律宗教団を生み出したので括弧を付ける、以下、同じ）された。以後、中世を通じて律宗寺院であったと考えられる（松尾、一九九五）。審海は、慈猛の弟子であった。

律宗と港や関の管理

実時は、文永六（一二六九）年には梵鐘を寄付し、同十年には、金沢の瀬戸入海全域を称名寺の浄域として殺生禁断《せっしょうきんだん》の場とした。殺生禁断というのは、領域を限って殺生を行なうのを禁止することである。ただし、漁師に対しては、条件付きで漁を許した。それゆえ、その一帯の漁業権を称名寺が握ったことになる。正応《しょうおう》四（一二九一）年には三重塔も完成し、忍性が導師となって落慶法要《らっけいほうよう》が行なわれた。

以上のように、称名寺の住持が忍性の推薦によって決まったごとく、忍性は称名寺に対して大きな影響力をもち、その後も種々の協力を行なっていた。

また、称名寺には、大蔵《おおくら》派の石工による数多くの石造遺物が遺り、その面でも注目される。とくに、安山岩などの堅い石を加工し、台座の上部に二重の蓮弁が彫られているという特徴がある（前田元重、二〇〇二など）。

称名寺に関して注目しておかねばならないことに、六浦との関係がある。六浦は、武蔵国に位置するが、都市鎌倉と密接に結びつき、鎌倉の外港として位置づけられた。そして、称名寺は、六浦港の管理もになっていたようである。

こうした港や関などを律寺が管理することは、鎌倉後期・室町初期には全国的なことであった。その典型的なケースは、鎌倉においてで、六浦のみならず、鎌倉の内港といえる和賀江にも当てはまった。

浄光明寺

浄光明寺《じょうこうみょうじ》、正式には扇谷山浄光明寺という。浄光明寺は、鎌倉中にあたるが、ほぼ今小路と横大路の交差点に近く、鎌倉中とはいっても北西の角

図15　浄光明寺　本　堂

近くに位置する。開基は北条時頼と極楽寺流北条長時《ながとき》（一二三〇—六四）と考えられる。開山は真聖国師真阿《しんあ》である。

本尊《ほんぞん》は木造阿弥陀如来坐像《あみだにょらいざぞう》であるように、もともとは浄土宗の寺であったが、のち浄土・華厳《けごん》・真言・律の四宗兼学を経て、いまは真言宗の寺院である。開創は建長三（一二五一）年と考えられる。寺伝では開基は長時となっているが、時頼・長時の二人が「本願主」、つまり開基だったと考えられている。『北条九代記』によれば、文永六（一二六九）年八月二十一日に長時は当寺で死んでいる。

このように浄光明寺は、北条時頼と北条氏一門の有力者、重時の子の長時が開基として建立して以後、義宗―久時―（赤橋）守時と続く重時流の嫡流によって護持されてきた。足利尊氏は、妻が守時の妹であり、浄光明寺を保護した。

また、建治《けんじ》三（一二七七）年頃、阿仏尼《あぶつに》が土地争いの訴訟のために鎌倉に下向すると、直後に息子の冷泉為相《れいぜいためすけ》も鎌倉に下り、浄光明寺の近くに住んだ。嘉暦《かりやく》三（一三二八）年七月十七日（十六日とも）に死んだ為相の墓は、浄光明寺背後の山頂に宝篋印塔《ほうきょういんとう》として立っている。

建武《けんむ》二（一三三五）年十一月、建武政権に離叛《りはん》した足利尊氏は、細川頼春《ほそかわよりはる》らの近習《きんじゅう》とともに当寺にいたと『梅松論《ばいしょうろん》』に記されている。のち鎌倉公方《くぼう》家の帰依《きえ》を受け、その菩提所になっている。

矢拾地蔵（県指定重要文化財）は、もと当寺の支院だった慈恩院に所在したという。北条長時の守り本尊で、ある合戦で長時が背の矢を射尽くしてしまったとき、一人の小僧が落ちている矢を拾って長時に差し出した。合戦終了後に、この地蔵を見ると、地蔵が矢を握っていたので、例の小僧が、この地蔵だったことが判ったという伝説により、矢拾地蔵という（『鎌倉日記』）。

ところで、平成十三（二〇〇一）年になって、浄光明寺の絵図が発見された。この絵図

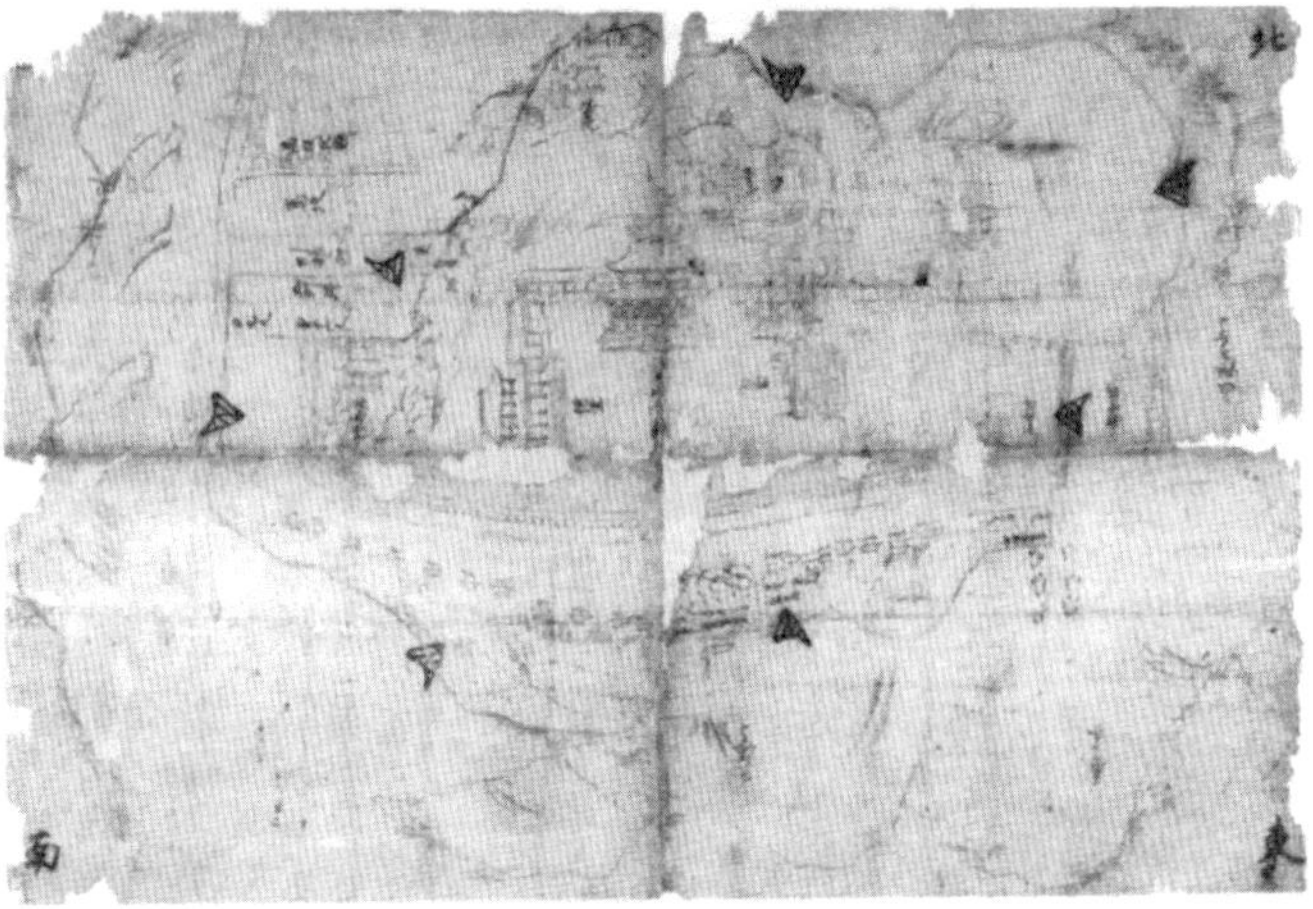

図16　浄光明寺絵図（浄光明寺所蔵）

は、貞享《じようきよう》二（一六八五）年に完成した『新編鎌倉志』「浄光明寺」の項に、「浄光明寺地図　壱《いち》枚　地の界に左のごとき花押《かおう》あり。誰人と云ことを知らず」として、某氏（実は上杉重能）の花押（模様化された自署）が挙げられている。すなわち、江戸時代にはその存在が知られていたが、所在不明になっていた絵図である。

浄光明寺絵図

本絵図を見ると、浄光明寺領の境界には、南北朝時代の足利氏の重臣、上杉重能《しげよし》の花押が据えられ、後述する円覚寺《えんがくじ》に伝わる「円覚寺境内絵図」とよく似ている。また、「（赤橋）守時跡、今所望」といった注記がなされている。その意味は、そこに鎌倉幕府最後の執権赤橋守時《あかはしもりとき》の屋敷跡があって、それを浄光明寺が所望していることを示している。赤橋守時は、浄光明寺の開基長時流の嫡子《ちゃくし》であり、屋敷が浄光明寺のそばにあったのであろう。そうしたことから、「円覚寺境内絵図」と同じく、鎌倉幕府滅亡直後、新政権が従来通りの寺地存続と隣接の北条氏与党の没収地の所有を認めたものと考えられている。「円覚寺境内絵図」は、建武元（一三三四）年から建武二年七月以前と考えられるので、本絵図もそのころのものと考えられる。

絵図には、中央には、仏殿が描かれ、僧堂と庫院が左右対称に並び、宋風《そうふう》の禅宗様伽藍形式が反映している。寺の西側には延寿堂が描かれ、病気や死期の迫った僧はそこに移されたのであろう。今でいうホスピスのようなものであろう。

ところで、先に触れた「(赤橋) 守時跡、今所望」、「御中跡」といった注記が注目される。それらの注記の主については、すでに明らかにされている（石井進、二〇〇五）ので、それを参照されたい。赤橋守時邸、北条（大仏）高直跡、同直俊跡ほか、北条氏やその従者の屋敷や、武蔵豪族《ごうぞく》高坂氏の所領が所在したのである。ただし、異論がないわけではない。

とくに、「御中跡」に関してである。石井氏は、御内跡として北条氏の嫡流の得宗《とくそう》の屋敷跡とする。その可能性もあるが、私は、「御中跡」とは、「御中殿跡」のことで、冷泉為相の娘で、第八代将軍久明親王《ひさあきらしんのう》の妃（「円覚寺文書」六九号）の屋敷跡と考えたい。というのも、先述したように、冷泉為相が浄光明寺のそばに住み、彼の墓が浄光明寺背後の山頂に立っている。とすれば、「御中跡」とは、冷泉為相の屋敷を相続した娘の中殿の跡とも考えられる。冷泉為相の屋敷は、浄光明寺の北東に、赤橋邸に隣接していたことになる。

覚園寺

二階堂の鎌倉宮（護良《もりなが》親王を祀《まつ》る社）を右に見ながら北へ行くと覚園寺《かくおんじ》に行き着く。谷の中にたたずむいかにも古寺といった風格のある寺だ。寺のまわりの崖には、やぐらと呼ばれる横穴式の墳墓が散在し（数が多いので「百八やぐら」と呼ばれている）、聖なる領域であることをいやおうなく感じさせられる。

奥の院には、鎌倉一の五㍍《メートル》近くの石造宝篋印塔二基（開山心恵智海、第二世大燈源智を供養する塔）があり、往時の繁栄ぶりを偲《しの》ばせてくれる。残念ながら、それらは一般には公開されていない。

覚園寺は現在、京都泉涌寺《せんにゅうじ》派の律宗寺院である。しかし、もとは、北条義時が霊夢に感じて建保六（一二一八）年十二月に建てた大倉薬師堂に始まる。すなわち、義時の夢枕

図17　覚　園　寺

図18　百八やぐら

に戌神《いぬがみ》が立ち来年の源実朝の右大臣拝賀《はいが》に供奉《ぐぶ》しないように勧めたという。実際、その際に参加しなかったために公暁《くぎょう》による難を逃れ、義時はいよいよ信心を強めたという。現存する十二神将の戌神には古文書が込められていて、そうした伝承が裏付けられている。

このように覚園寺は、北条義時ゆかりの薬師堂に始まるが、永仁《えいにん》四（一二九六）年に北条貞時が異国降伏《ごうぶく》を願って心恵智海《しんえちかい》を開山として律宗寺院とした。異国降伏というと、文永・弘安の役《えき》が知られ、それで終わったかのように考えられがちであるが、それ以後も、元の侵略の危機・恐怖感は継続していたことが、このことからも理解される。なお、京都の泉涌寺派は、奈良西大寺《さいだいじ》を拠点とした叡尊らの律宗（南京律《なんきょうりつ》と呼ばれた）に対して北京《ほっきょう》律《りつ》と呼ばれる。

宝戒寺

鎌倉幕府の崩壊は北条氏一門の滅亡を意味した。そして、北条高時《たかとき》邸など北条氏の館は、うらみをもって死んだ北条氏の怨霊《おんりょう》の地となった。とくに、高時邸は、葛西ヶ谷の東勝寺（廃寺）で一門とともに自害した高時の怨念が取り付いた場と考えられた。勝利した後醍醐《ごだいご》天皇は、京都の法勝寺《ほっしょうじ》円観《えんかん》（慧鎮《えちん》、一二八一―一三五六）に北条氏ほかの鎮魂《ちんこん》のための寺を建てさせた。それが、横大路と小町大路との交差点にあたり、萩《はぎ》の寺として有名な宝戒寺《ほうかいじ》（金龍山釈満院円頓《えんどん》宝戒寺）である。

図19　宝　戒　寺

後醍醐天皇は、円観に対して建武二（一三三五）年三月二十八日付けで、宝戒寺の住持職の任命と所領寄付を行なった。宝戒寺の堂舎が完成したのは、しかし、実際には文和《ぶんな》二・三（一三五三・四）年の頃と考えられている。

円観は、一般にはほとんど知られていない人物であるが、鎌倉末・南北朝期に大活躍をした政僧の一人で、後述のように原『太平記』の制作者と考えられ、国文学の世界では注目されている。興円《こうえん》の弟子で、嘉元二（一三〇四）年七月には遁世して、師興円とともに、西大寺の叡尊らの戒律「復興」活動に刺激を受けて、天台《てんだい》宗で依拠する『梵網経《ぼんもうきょう》　下巻』に基づく戒律

「復興」活動を行なった。すなわち、律僧であった。

宝戒寺の開山は、円観であるが、実際には円観の弟子惟賢《ゆいけん》が長老として下向し、宝戒寺を整備した。そして、円観は、東国の僧尼については惟賢に得度《とくど》（出家）許可権ともいうべき権限を認めた。東国の尼衆についても、得度許可権のみならず「大戒」をも授ける権限も認めていた。このように宝戒寺は、関東地方における円観教団の中核的な寺院であった。なお、現在は天台宗の寺である。

この宝戒寺も一員である円観教団は、中世文化史上重要な役割を果たした。すなわち、『太平記』の編纂である。『太平記』は小島《こじま》法師が作者であったと考えられているが、『太平記』は、長期にわたって書き継がれたもので、小島法師ひとりによって作成されたわけではないのである。そして、私見によれば、当初制作された原『太平記』は円観が作成の中心人物として、後醍醐天皇以下の南北朝動乱で死んでいった人の鎮魂のために編纂されたと考えられ、小島法師は円観教団の一員であったと推測されている（松尾、二〇〇一）。さらに想像を逞しくすれば、『太平記』の鎌倉に関する情報は、宝戒寺を通して法勝寺《ほっしょうじ》の円観に伝えられたのかもしれない。

禅宗寺院――武家政治の場

鎌倉における新たな仏教の展開といえば、禅宗を無視することはできない。そこで、次に禅宗の展開を見ておこう。

寿福寺

鎌倉駅の西口を降りて、北へ向かって、旧今大路《いまおおじ》を歩いてゆくと、西側に寿福寺《じゆふくじ》がある。寿福寺は、正式には亀谷山寿福金剛禅寺《こんごうぜんじ》といい、臨済宗《りんざいしゆう》の禅寺である。鎌倉五山《ござん》の第三位の寺であった。寿福寺は源　義朝《みなもとのよしとも》の屋敷があったところである。すなわち、鎌倉は源氏ゆかりの地であったのだ。それこそ、義朝の三男であったが、嫡男《ちやくなん》とされた（母親の熱田神宮大宮司季範《あつたじんぐうだいぐうじすえのり》の娘が、義朝の正妻であった）頼朝が、鎌倉に都を開いた第一の理由である。

図20　寿　福　寺

しかし、義朝は、平治《へいじ》の乱（一一五九年）で平清盛《たいらのきよもり》に敗れ、東国へ落ちのびる途中、尾張《おわり》で家人の長田忠致《おさだただむね》に謀殺《ぼうさつ》された。治承《じしょう》四（一一八〇）年十月六日に頼朝が鎌倉へ入った時には、岡崎義実《おかざきよしざね》によって義朝の菩提《ぼだい》を弔《とむら》う仏堂が義朝邸跡には建てられていたという。

古代・中世において非業《ひごう》の死を遂げた人は、この世に恨みを持ち続けると考えられ恐れられた。清盛に敗れ、家人に殺害された義朝の無念さはいかばかりであっただろうか。義朝邸は、そうした義朝の荒《あら》ぶる御《ご》霊《りょう》のよりつく地獄になっていた。それゆえ、鎮魂《ちんこん》のための仏堂が建てられていたのである。頼朝は、そこに己の屋敷を建てようと考えていたが、手狭であるのと、父を弔う仏堂が建てられていたので、大倉の地に御所（大倉御所《おおくらごしょ》）を建てたのである。

寿福寺の建立《こんりゅう》が開始されたのは、正治《しょうじ》二（一二〇〇）年閏《うるう》二月十二日であった。その日、北条政子《ほうじょうまさこ》の御願《ごがん》として寿福寺建立《こんりゅう》が企画され、義朝邸跡に二階堂行光《にかいどうゆきみつ》、三善善信《みよしぜんしん》が下見に派遣された。翌十三日には、その地が栄西《ようさい》に寄付されて、建設工事が始まっている。いつ完成したかははっきりしないが、半年後の正治二年七月十五日には、十六羅漢図《らかんず》の完成供養《くよう》が寿福寺で行なわれている。その頃には、正式に寺と認識されたようである。このように、寿福寺は、北条政子によって、正治二年に栄西を初代長老として建立された禅寺であった。

栄西

栄西《ようさい》といえば、曹洞宗《そうとうしゅう》の祖師道元《どうげん》と並んで、臨済宗の祖師として大変有名だが、実は、それは間違いなのである。正確にいえば、日本臨済宗十四派の一つである建仁寺《けんにんじ》派の開祖にすぎない。しかし、栄西は、日本に臨済宗を伝え、鎌倉寿福寺・京都建仁寺を創建して、日本最初の臨済宗教団を樹立したことは確かで、鎌倉仏教を代表する人物の一人であることは間違いない。

栄西は、永治《えいじ》元（一一四一）年に備中《びっちゅう》国（岡山県）吉備津《きびつ》神社の神主賀陽《かやうじ》氏の子として生まれた。彼は、八ヵ月で生まれた。すなわち、早産だった。だが、隣人に早産の子は両親にとって良くないといわれた母親は三日間も乳を与えず、その間、泣かなかったので死んだと思われていた。ところが、それを知った僧侶に非難され見てみると、生きていた。その後、両親は反省して大事に育てたと言う。この話は、栄西を尊敬する禅僧虎関師錬《こかんしれん》の『元亨釈書《げんこうしやくしよ》』に見える栄西伝の記述であり、信憑性《しんぴようせい》は高い。栄西が誕生時から異能児、聖別された存在であったことを示す話といえる。

栄西は、十四歳で出家して延暦寺《えんりやくじ》戒壇で受戒した。その後、仁安《にんあん》三（一一六八）年と文《ぶん》治《じ》三（一一八七）年の二度入宋したという。とくに、二度目は釈迦の霊跡を訪ねるために中国からインドへ向かうつもりであったのだが、西域は元の支配域だというので断念し、中国臨済宗の虚庵懐敞《こあんえしよう》より法を受けて、建久二年に帰国した。当初は、九州、とくに博多で禅を布教したが、建久《けんきゆう》五（一一九四）年には、比叡山側の反対を受けて、朝廷側から禅宗停止の命令が出されるほどであった。すなわち、栄西も、延暦寺系の官僧から離脱した遁世僧《とんせいそう》であった。

その後、京都を経て、正治二（一二〇〇）年には鎌倉へ入り、鎌倉幕府の保護を受け、寿福寺を任された。こうした幕府の後援を受けて、建仁《けんにん》二（一二〇二）年には京都に建仁寺を建てるなど京都に逆進出するまでになる。

ところで、栄西は、遁世僧の身でありながら、建保元《けんぽう》（一二一三）年には、鎌倉幕府の後援もあって権僧正《ごんのそうじょう》という僧官になっている。それゆえ、一見、彼は遁世僧ではないのではないかと考えられる。だが、『沙石集《しゃせきしゅう》』（一二八三年成立）では、彼が権僧正に任じられたことを「遁世の身でありながら僧正になったのは、遁世僧は非人のように蔑《さげす》まれていたので、いうなれば遁世僧の地位の向上のために僧正になったのだ」と弁護している。そうした弁解が必要なところに、遁世僧が原則として官僧の体系から離脱した存在であったことが示され、栄西は、遁世僧でありながら、権僧正になった例外的な人であった。

栄西は、『興禅護国論《こうぜんごこくろん》』などを著して、禅の宣揚《せんよう》に努めた。他方、密教僧としても重要視され、鎌倉幕府に重用された。このように、栄西は、のちの道元と異なり、座禅のみならず、密教も兼修する立場であった点に特徴がある。

また、将軍源実朝《さねとも》が二日酔いの時に茶を勧め、『喫茶養生記《きっさようじょうき》』を献じ、日本の喫茶史の上でも注目される人物である。

建長寺

鶴岡八幡宮《つるがおかはちまんぐう》の脇の道を通って、坂道を登って行くと巨福路坂《こぶくろざか》（現在のは、一八八六年五月に開かれた新道である）の隧道《ずいどう》が見えてくる。先述したように、巨福路坂は、鎌倉中へ入る入口の一つであった。すなわち、鎌倉の境界に立っていた。中世では、巨福路坂を越えると、そこは建長寺の塔頭《たっちゅう》が林立する境内に至ったのである。塔頭というのは、禅宗における有力禅僧の墓所のことで、後述のように、建長寺には四十九があったとされるが、現在は十二となっている。

建長寺は、北条時頼が、宋から来日した禅僧蘭渓道隆《らんけいどうりゅう》（一二一三―七八）を開山として、建長《けんちょう》元（一二四九）年に創建に着手し、同五（一二五三）年に落成した禅寺である。『吾妻鏡』によれば、当寺建立の目的は、上は皇帝の万歳《ばんぜい》、将軍および幕府重臣《じゅうしん》の千秋《せんしゅう》から天下の太平を祈り、下は源家三代、北条政子ならびに北条一門の菩提を弔うためであった。

建長寺は、建長という年号を寺名とするように天皇の勅願寺《ちょくがんじ》という寺格を与えられ、禅宗寺院の寺格制度である五山制度において筆頭（鎌倉五山の第一位に位置付けられた）の寺であった。この五山制度とは、中国のそれをモデルとした禅宗寺院の寺格制度で鎌倉末期に始まった。五山には京都と鎌倉の寺がランクされ、室町期に数度の変更を経て整備された。鎌倉五山は一三八六年以来、第一位は建長寺、第二位は円覚寺、第三位は寿福寺、第四位は浄智寺《じょうちじ》、第五位は浄妙寺《じょうみょうじ》の順であった。すなわち、建長寺は鎌倉の禅寺の中で最も寺格の高く、また、幕府の手厚い保護を受けた寺であった。

このように、建長寺は時頼《ときより》の意向を受けて建設された寺であったが、不思議なことに、本尊は、釈迦とか、阿弥陀とか、薬師とかではなく、一丈六尺（四メートル八〇センチ）の地蔵菩薩で、さらに千体の地蔵も安置されている。かつて、建長寺の立つ地は刑場で、地獄《じごく》谷と言われる地であり、心平寺《しんぺいじ》という地蔵を本尊とする寺が建っていた。それゆえ、刑死した人々の弔いのために、地獄に落ちた人をも救うという地蔵が本尊だという。

この寺が建てられたことは、日本禅宗史上画期的なことであった。そのことは、『野守《のもり》鏡《かがみ》』（一二九五年成立）に「禅宗の諸国に流布することは、関東に建長寺を建てられしゆへ也」とあることにも読み取れる。栄西の伝えた禅宗が密教との兼修という性格を強くもっていたのに対して、本場中国の純粋禅が、日本中へ広まり根付く契機となった。

絵図と境内

こうした一般論はさておき、境内を見てみよう。まず述べておくべきは、現在の建長寺には鎌倉時代の建築は残っていない点だ。巨福門《こふくもん》とも言われる総門は、天明《てんめい》三（一七八三）年、京都般舟三昧院《はんじゅうざんまいいん》の堂として建立されたもので、昭和《しょうわ》十八（一九四三）年に移建されたものである。境内に入って正面にそびえたつ二階建ての総門は、安永《あんえい》四（一七七五）年に再建された。二階の楼上には、釈迦像と五百羅漢が祀《まつ》られている。仏殿は、寛永《かんえい》五（一六二八）年に、徳川二代将軍秀忠室の崇源院《すうげんいん》の霊廟《れいびょう》として

図21　建長寺　巨福門（上）と総門（下）

江戸芝増上寺《しばぞうじょうじ》に建立されたものを、正保《しょうほう》四（一六四七）年に移したものだ。それゆえ、中世の鎌倉に注目する本書としては、対象外の建物といえる。

そこで、中世の境内《けいだい》の様子を明らかにするために、建長寺境内絵図を使おう。図（絵図に塔頭名と成立順の番号を入れた）は、絵図に記された注記によれば、延宝《えんぽう》六（一六七八）年十一月に水戸光圀《みとみつくに》が寄付したという絵図である。四十九院を数えた塔頭も大半廃亡し、その旧跡を知るものすら少なくなったことを嘆いた光圀が、絵師に命じて図を作成させ、渓堂《けいどう》和尚に寄付し、後に建長寺を再興する際の準備としたという。

この絵図については、絵図の記載内容と当時の記録、例えば貞享《じょうきょう》二（一六八五）年に刊行された『鎌倉志』などと比較すると相互に矛盾があり、絵図の注記も後人の追記である。それゆえ、絵図の記載内容などは疑われてきた。しかし、最近の発掘成果、たとえば、玉雲庵の成果では、絵図の玉雲庵のあたりから、玉雲庵の遺構・遺物が出ており、かつての塔頭の配置を知るうえではひとまず利用できると考える。

さて、絵図を見ると山門、法堂《はっとう》、仏殿といった主要建物群とともに、四十九院の塔頭群や安国寺《あんこくじ》、長寿寺《ちょうじゅじ》、満光寺《まんこうじ》などの諸禅寺が、建長寺内の谷々と、亀谷道《かめがやつみち》や山内街道沿いにひしめきあって立ち並んでいた様子は壮観である。しかも、門前には、民家が軒を並べ

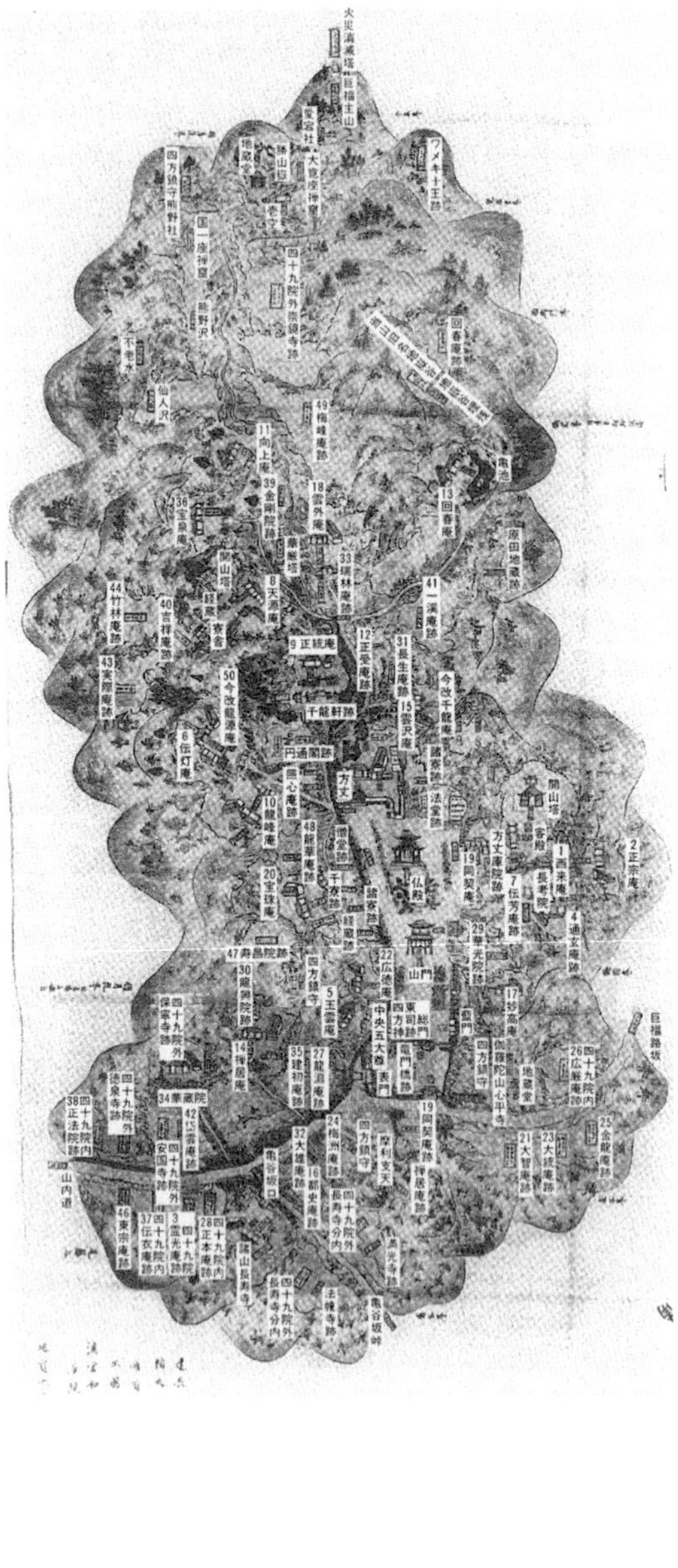

図22　建長寺境内絵図（建長寺所蔵）

ていたのであり、建長寺の一大門前町が存在していたと考えられる。

そもそも、鎌倉は、米町《こめまち》・大倉辻《おおくらつじ》・和賀江《わかえ》といった商業地域のみならず、御所を中核とした武士の街区、西南の極楽寺の一帯と山内の建長寺、円覚寺一帯の門前町といった個性をもつ街区の集合として理解すべきである。

もっとも、四十九の塔頭にしても、一時期に成立したわけではなく、絵図の一大門前町も歴史的に形成されたのである。その点を次に見ておこう。表2は『鎌倉五山記』『鎌倉五山記考異』により、『鎌倉五山記』の配列順に、四十九院の塔頭名と塔主の死亡年を記している。塔頭が、塔主の墓所を核として成立することを考えるならば、塔頭の成立は、塔主の死亡後それほど時期を離れていないと考えられる。それゆえ、表を使って塔頭の成立を分析しよう。

表2を見ると、例外はあるにせよ、塔頭の配列順と塔主の死亡年順はほぼ一致しており、『鎌倉五山記』は塔頭のほぼ成立順に配列されている可能性が高い。

そうした前提を踏まえて塔頭の成立をみると、鎌倉時代は十二の塔頭が、鎌倉時代以後の十四世紀には二十の塔頭が、十五世紀には十七の塔頭が成立したことになる。すなわち、中世後期の方が塔頭の成立の面からいえば盛期であった。もっとも、塔頭は、墓所であり、

表2　建長寺四十九院の塔頭と塔主死亡年

No.	塔頭	塔主死亡年	No.	塔頭	塔主死亡年
1	西来庵	弘安元(1278)年	26	広厳庵	応安7(1374)年
2	正宗庵	正安3(1303)年	27	龍淵庵	
3	霊光庵	徳治元(1306)年	28	正本庵	
4	通玄庵	延慶2(1309)年	29	華光庵	至徳元(1384)年
5	玉雲庵	文保元(1317)年	30	龍興院	嘉慶2(1388)年
6	伝灯庵	徳治元(1306)年	31	長生庵	康応元(1389)年
7	伝芳庵	徳治2(1307)年	32	大雄庵	
8	天源庵	延慶2(1309)年	33	瑞林庵	応永8(1401)年
9	正統庵	正和5(1316)年	34	華蔵院	
10	龍峰庵	元応2(1320)年	35	建初庵	
11	向上庵	元亨元(1321)年	36	宝泉庵	応永8(1401)年
12	正受庵	正中2(1325)年	37	伝衣庵	
13	回春庵	建武元(1334)年	38	正法院	
14	禅居庵	暦応2(1339)年	39	金剛院	
15	雲沢庵	建武3(1334)年	40	吉祥庵	
16	都史庵	貞和2(1346)年	41	一渓庵	応永10(1403)年
17	妙高庵		42	岱雲庵	応永23(1416)年
18	雲外庵	文和3(1354)年	43	実際庵	応永24(1417)年
19	同契庵	文和4(1355)年	44	竹林庵	
20	宝珠庵	貞和元(1345)年	45	正済庵	
21	大智庵		46	東宗庵	
22	広徳庵	応安7(1374)年	47	寿昌庵	
23	大統庵		48	竜華院	文安3(1446)年
24	梅洲庵	永和元(1375)年	49	梅峰庵	
25	金龍庵	康応元(1389)年			

死亡者は時がたてばたつほど増えてゆくわけで、鎌倉時代よりも、それ以後のほうが塔頭が増えるのは当然、という反論が予想される。しかし、塔頭の建設と維持には、いわばお金がかかるのであり、その寺院、塔頭に対する檀越《だんおつ》の強力な支援なくして建設維持は不可能である。それゆえ、建長寺の塔頭の増加と建長寺の勢力とは、ひとまず相関関係にあると考える。

とすれば、中世後期の建長寺の発展ぶりが、塔頭の増加の面から推測される。そして、絵図と塔頭の成立時期を考えあわせると、鎌倉時代は、西来庵《せいらい》をはじめ、ほぼ建長寺境内の谷に塔頭が建設されている。ところが、十四世紀後期には大智庵《だいち》（絵図No.21）、大統庵(23)、梅洲庵(24)、金龍庵(25)、廣厳庵(26)ほか続々と寺外の山内道沿いに塔頭が成立しているのが特に注目される。十四世紀後期には、巨福路坂を越えると建長寺の一大門前町が広がっていたのである。

さらに、塔頭に関して注目されるのは、中国からの渡来僧を塔主とする塔頭の多さである。表3を見てもらいたい。これは開山から第二十二世までの建長寺歴代住持《じゆうじ》とその墓所をあげたものである。時期的には鎌倉時代半ばから室町時代始め（一二五三―一三三九）までとなる。表3を見ると、まず建長寺住持には渡来《とらい》僧が多く任じられていることが

表3　建長寺歴代住持表

渡来僧		日本人僧	
塔頭有	塔頭無	塔頭有	塔頭無
1 蘭渓道隆 2 兀庵普寧 5 無学祖元 7 鏡堂覚円 9 一山一寧 10 西澗子曇 18 霊山道隠 21 清拙正澄 22 明極楚俊	3 大休正念 4 義翁紹仁 15 東里徳会 17 東明慧日	6 葦航道念 11 無隠円範 12 南浦紹明 14 約翁徳倹 16 太古世源 20 玉山徳璇	8 痴鈍空性 13 高峯顕日 19 南山士雲
9人	4人	6人	3人
13人		9人	
22人			

注　囲み数字は住持順.

分かると思う。人数で言えば、建長寺二十二世までの二三人の内、渡来僧は一三人で、特に第一世から第五世までが渡来僧である。十三、十四世紀に日本に渡来した渡来僧は二九人という（村井章介、二〇〇一）。表3には載っていないが、建長寺第二十八世竺仙梵僊《じくせんぼんせん》、第三十一世東陵永璵《とうりようえいよ》を含めると二九人の内、実に一五人が建長寺住持となっている。十三、十四世紀の渡来僧の半数の墓所が建長寺には作られたのである。

このように建長寺は渡来僧の塔頭が集まっている寺院である。基本的には、建長寺はその寺院内に自寺の住職となった僧の塔頭を持った。また建長寺以外の場所で寂《じゃく》した僧も分塔という形をとってまで建長寺に塔頭を建てている。特に渡来僧の場合は鎌倉時代に鎌倉へ来た渡来僧の半数が建長寺に葬られている。こうした点にも、中国文明のセンターとしての建長寺の姿が現れているのだ。一面において得宗は、中国文明の担い手ともいえる渡来僧を建長寺に囲いこみ、独占しようとしていたのである。

円覚寺

北鎌倉の駅を降りると、そこは円覚寺《えんがくじ》の境内である。注意深い旅人は、車窓から人工的に切られた崖である切岸や、横穴式の墳墓であるやぐらの跡が目に付くはずだ。やぐらの跡は、初めて見る方には、防空壕《ぼうくうごう》の跡と思われるかもしれない。また、明治《めいじ》二十二（一八八九）年に開通した横須賀線が旧境内を無惨にも横切ってい

図23　円覚寺の旧境内を横切る横須賀線

るのには驚かされるであろう。かつて、横須賀線は軍港横須賀と東京を結ぶ軍用列車が走ったために、そうした暴挙がなされたのだ。軍事力が、仏教的な権威を圧倒した明治という時代を象徴しているともいえよう。

巨福呂坂側から建長寺前を通っても円覚寺へ到ることができる。円覚寺も建長寺も、中世の山内《やまのうち》と呼ばれる一帯に属し、都市鎌倉の北の入口を扼《やく》していた。つまり、円覚寺もまた中世都市鎌倉の周辺、境界部分に位置していたのである。この点をまず押さえておこう。

さて、円覚寺は、弘安《こうあん》二（一二七九）年に来日した無学祖元《むがくそげん》（一二二六―八六）を

図24　円覚寺　山門（上）と舎利殿（下）

開山として、弘安五（一二八二）年に開かれた禅寺である。

無学祖元は、諡《おくりな》を仏光禅師という。明州慶元府（中国浙江《せっこう》省）の出身で、杭州の浄慈寺《じょうじ》で出家し、径山《きんざん》の無準《ぶじゅん》師範《しばん》に参じ、その法を嗣《つ》いだ。温州（浙江省）能仁寺《のうにんじ》に住していた建治《けんじ》元（一二七五）に、蒙古《もうこ》兵が寺に侵入し、白刃《はくじん》をかざして迫った。その際、無学は「乾坤孤筇《こきょう》を卓つるに地なし、喜び得たり人空法亦空、珍重す大元三尺の剣、雷光影裏に春風を斬る」、この世には、一本のつえを立てる地さえない。喜ばしいことに次のことを悟った。人間も空であり、法もまた空であると。珍重するよ大元の兵の三尺の剣を。雷光影裏にして、私を切ったとしてもただ春風を切るにすぎない、切りたければ切れ、と偈《げ》を述べた。肝の据わった態度に蒙古兵は感銘を受けて退散し、危機を脱したという。

無学祖元は、北条時宗により招聘《しょうへい》されて来日し、建長寺第五代長老を経て、円覚寺の開山となり、宋の純粋禅を日本に定着させようと努めた。無学祖元の門流は仏光派《ぶっこうは》というが、夢窓疎石《むそうそせき》（一二七五―一三五一）、無外如大《むがいにょだい》尼といった優れた弟子を輩出《はいしゅつ》し、日本臨済宗に大きな足跡を残した禅僧である。

円覚寺は、現在は臨済宗円覚寺派の大本山《だいほんざん》で、詳しくは円覚興聖禅寺《こうしょうぜんじ》、山号は瑞鹿山《ずいろくさん》という。北条時宗が蒙古襲来で死んだ人々の追善のために建立した。先述したように、室町時代には鎌倉五山の第二位に位置付けられた寺だ。鎌倉時代には、二〇〇人だった僧侶の定員が、室町時代には四〇〇人となっていた。

円覚寺も、他の鎌倉の寺院と同じく、度々の兵火や地震などにあったために、中世の建物などはほとんどない。国宝の舎利殿《しゃりでん》も、天正《てんしょう》元（一五七三）年に太平尼寺から客殿を移建したもので、しかも、十五世紀末に再建されたものという。

そこで、中世の円覚寺を知る手がかりとなると、他に求めねばならない。その際、先の建長寺と同じく「円覚寺境内絵図」（縦九七・六センチ、横九〇・九センチ、薄墨淡彩、円覚寺所蔵）が重要である。この「円覚寺境内絵図」については、別稿（松尾、一九九三）で論じたので、その結論のみを紹介しよう。

円覚寺境内絵図

この図は、建武《けんむ》元（一三三四）年から建武二年七月以前に作成された。すなわち、浄光明寺の絵図と同じく、鎌倉幕府滅亡後、建武新政期に、寺領の確保と新たな寄付を求めて作成された。

絵図には寺の周辺の山の東・西・南・北と「新寄進」の部分とに花押が据えられている。その花押も浄光明寺と同じく上杉《うえすぎ》伊豆守重能《しげよし》のもので、寺山の東西南北と門前新寄進の部分を確認するために花押が据えられたと考えられる。上杉重能は、当時、鎌倉を実質的に

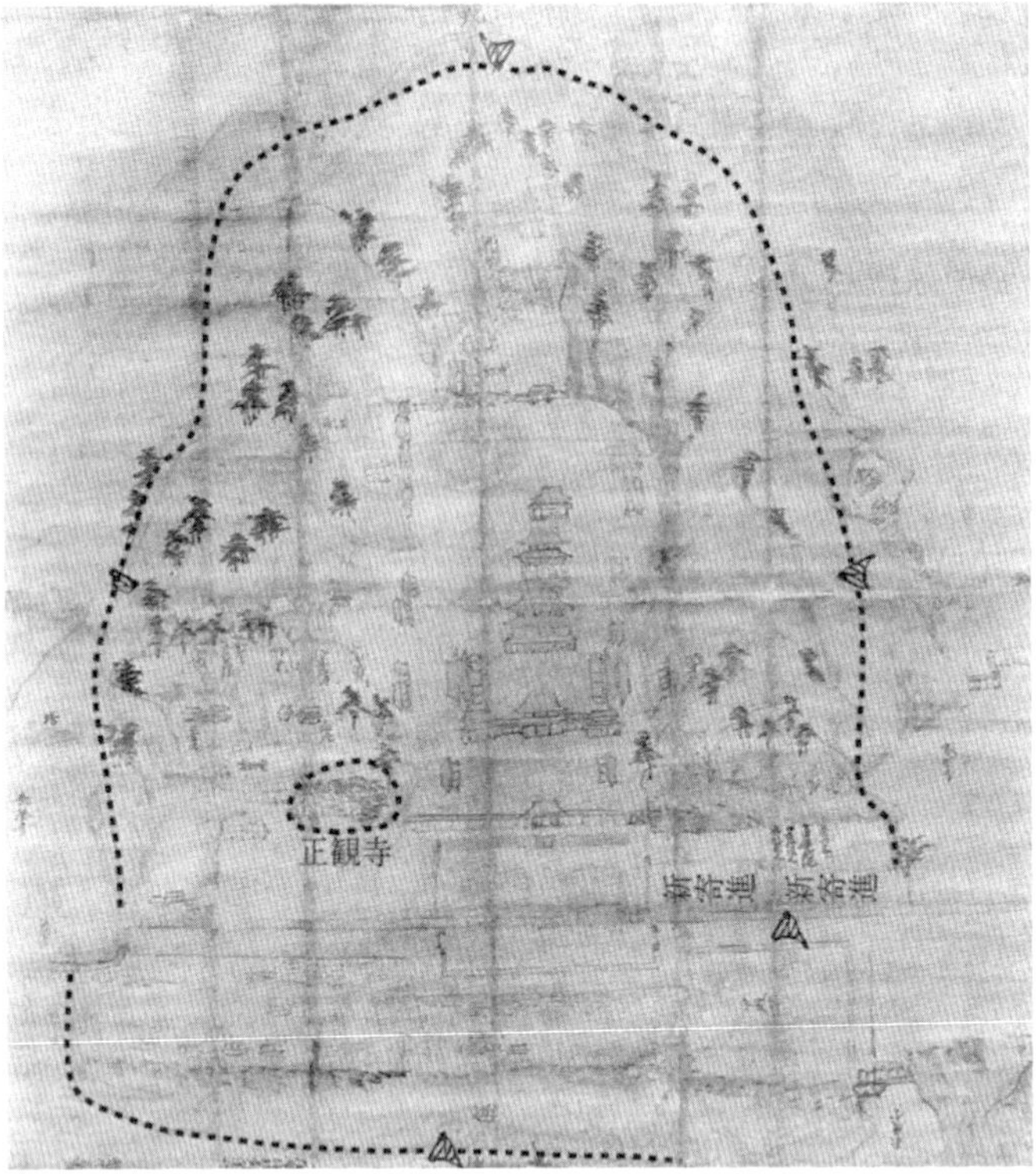

図25　円覚寺境内絵図

真中より右下の花押のあたりは朱線が擦り消えて見えないが，新寄進の部分に伸びて真っすぐ下に降りた線があったのかもしれない．

支配していた足利直義の配下の武士で、所領関係の担当者であった。擦《す》り消えのために断定できないが、朱線（点線で表現した）が寺山（新寄進の部分にまで延びていたのではないか）の部分に引かれている。さらに、円覚寺のそばにありながら円覚寺とは別の（独立の）禅寺であった正観寺《しょうかんじ》（その門前地は円覚寺領であった）は朱線によって区別している。絵図には、山門・仏殿・法堂以下が一直線にならぶ一方で、僧堂・庫院などの建物配置は左右対称の中国的な構成をしている当時の禅寺のようすが彷彿《ほうふつ》とされる。

ところで、先述したように、本絵図に描かれた空間は、都市鎌倉の西北の境界部分である。一般に、そうしたところは、葬送の場であり、刑場であり、市場であった（石井進、一九八四）。

そして、本絵図では描かれていないが、東側の建長寺は刑場の跡であり、絵図の篝屋《かがりや》跡の注記のある側の道は、江戸時代の『新編鎌倉志巻三』所収の絵図では「市場村道」とされ、おそらく中世においても市のたつところであったのだろう。また、円覚寺、建長寺といった寺院は、葬送に携わり、それ自体が葬送の場を抱えこんでいた。

絵図を見ると、「篝屋跡」といった注記が注目される。この篝屋というのは、いわば派出所のようなもので、辻（交差点）などに設置されて、鎌倉幕府の御家人たちが、そこに詰め、事件がおこると太鼓をたたいて事を知らせ、松明をたき警護にあたった場所である。山内街道と瓜ケ谷《うりがやつ》の交差点（辻）に置かれていたことがわかる。この山内街道は仁治《にんじ》元（一二四〇）年十月に「嶮難なために、往還に煩があり」（『吾妻鏡』同年十月十九日条）という理由で北条泰時《やすとき》の意向で造られた道路である。

さらに、中殿跡が注目される。中殿とは第八代将軍久明親王《ひさあきらしんのう》の妃（冷泉為相《れいぜいためすけ》の娘）である（「円覚寺文書」六九号、九五頁）と考えられる。先述のように、中殿邸は、浄光明寺の赤橋守時邸の隣にも所在したかもしれないが、円覚寺の門前の東側にもあったことがわかる。

中殿跡の東南には東慶尼寺《とうけいにじ》（禅宗）がある。東慶寺については、後述する。また、円覚寺の東側には最明寺《さいみょうじ》があったことがわかるが、最明寺とは北条時頼の別荘が寺院となったものである。山内荘は得宗《とくそう》（北条氏の家督《かとく》）領であったが、とくに円覚寺の東側には北条時頼の別荘が置かれていた。北条氏は鎌倉の入口の各所に一族を配していたが、そのことが、ここにもうかがえる。

ところで、円覚寺にも、塔頭が数多く存在した。とくに、円覚寺の開基であった北条時宗の墓所である仏日庵《ぶつにちあん》は有名である。北条時宗は、弘安七（一二八四）年四月四日に、三十四歳で亡くなったが、直後に墓堂として仏日庵が建てられた。

円覚寺と得宗家

仏日庵には、「仏日庵公物目録《こうもつもくろく》」（「円覚寺文書」一六七号）という注目すべき史料が遺っている。それは、仏日庵に伝わった絵画、墨跡など御宝の目録というべきものである。大部分は北条得宗家が収集したものであろう。元応《げんおう》二（一三二〇）年六月十三日にまず作成されたが、北条氏の時代に北条氏や御内人《みうちびと》に与えたり、鎌倉幕府滅亡期に、どさくさにまぎれて紛失したり、足利尊氏が来たときなどに贈与して失われたりしたので、現状を寺僧が貞治《じょうじ》二（一三六三）年・同四（一三六五）年に記している。それによれば、注目すべきことに、訴訟に際して「秘計」（訴訟を有利に運ぶために）として、守護などの権力者に絵画などが送られていたことがわかる事例もある。また、足利尊氏などへの「引出物」として送られたものもある。それゆえ、「仏日庵公物目録」は、いわば、賄賂《わいろ》や贈答品目録の一面ももっている。現在なら、収賄《しゅうわい》事件の証拠品となりかねない文書である。

こうした円覚寺を支えた最大の経済基盤の一つに尾張国の富田《とみた》庄という荘園（私的所有地で、中世の村）があった。現在の愛知県名古屋市の西方に位置していた。北条時宗が、弘安六（一二八三）年に円覚寺に寄付した。その年貢は、一四二八石八斗に上ったが、遠隔地にあり、経営・維持が難しく、応永《おうえい》三（一三九六）年ころには、手離している。その絵図が、富田庄絵図として円覚寺には伝わっている。

円覚寺や建長寺といった禅寺には無学祖元、蘭渓道隆《らんけいどうりゆう》をはじめ、多くの中国人僧が渡来した。円覚寺は、建長寺とともに中国語が飛び交い唐物《からもの》があふれる、さながら中国文化のセンターであった。

安達一門鎮魂の寺、東慶寺

北鎌倉駅で円覚寺と反対側に降りて、鎌倉街道を建長寺の方へ歩いてゆくと、すぐに東慶寺がある。正式には、松岡山東慶総持禅寺《しようこうざんとうけいそうじぜんじ》という。開基は北条貞時《さだとき》、開山は貞時の母覚山志道尼《かくざんしどうに》で、弘安八（一二八五）年に開創された。臨済宗の寺院で、本尊は木造の釈迦如来座像である。

開山の覚山志道尼は安達義景《よしかげ》の娘で堀内殿ともいう。弘長《こうちよう》元（一二六一）年四月二十三日に、北条時宗と結婚した。時に、彼女は十歳で、時宗は十一歳であった。恋愛結婚でないことは言うまでもなく、政略的な結婚であった。文永八（一二七一）年十二月十二日には、貞時を産んだ。弘安七（一二八四）年四月、死を意識した時宗が、無学祖元に師事《しじ》して、出家すると、彼女も出家して、覚山志道尼と名乗った。翌八年に貞時を開基として当寺を創建したという。鎌倉の寺院のほとんどは僧の寺であるが、東慶寺は、明治三十五（一九〇二）年までは尼寺で、室町時代には尼寺の寺格である鎌倉尼五山の第二位にランクされた。ちなみに、第一位は太平尼寺で、弘安五（一二八二）年ころの創建で、現在の市内西御門《にしみかど》にある横浜国立大学テニスコートの地にあったと想定されている。

図26　東　慶　寺

中世の東慶寺も謎に包まれている。たとえば、東慶寺の草創をめぐってもはっきりしない点が多い。東慶寺は、『新編鎌倉志』（貞享二年成立）によって、弘安八（一二八五）年に開創されたとされるが、その年の十一月に、覚山志道尼の兄安達泰盛《あだちやすもり》を主人公とする霜月《しもつき》騒動《そうどう》という内乱が起こっている。それは、得《とく》宗《そう》北条貞時の御内人平頼綱《よりつな》派と、安達泰盛派の権力争いで、平頼綱の讒言《ざんげん》を真に受けた貞時によって安達泰盛一族が滅ぼされた事件である。

この霜月騒動によって、北条時宗の死後、

幕府の実権を握った観のあった安達泰盛とその一族はほぼ滅んだ。安達氏は、頼朝以来の有力御家人で、安達泰盛の妹、覚山志道尼自身が北条時宗の妻であり、また、北条時頼の母松下禅尼《まつしたぜんに》も、覚山志道尼の父安達義景の妹、すなわち叔母であった。このように、覚山志道尼の実家安達氏と北条氏とは姻戚関係によって強く結びついていた。つまり、覚山志道尼は、息子によって実家の安達一族を殺されてしまった悲劇の女性であったのだ。

それゆえ、東慶寺が弘安八年（一二八五）十一月の霜月騒動以後に創建されたとすれば、覚山志道尼が東慶寺を開いた最大の理由は、霜月騒動で滅ぼされた安達一族の鎮魂のためということになる。残念ながら、東慶寺の創立月ははっきりしないので、確かなことはいえない。だが、北条時宗を弔う寺としては、弘安七年に、円覚寺内に仏日庵がすでに建立されていたので、弘安八年に覚山志道尼が、息子の貞時に対して寺まで創建させた最大の理由といえば、滅ぼされた実家の安達一門鎮魂のためということになろう。

ところで、霜月騒動によって、五〇〇人を超える武士が殺された。それゆえ、多くの寡《か》婦《ふ》が出たことはいうまでもない。彼女たちは、覚山志道尼を頼り、東慶寺に身を寄せ、夫たちの菩提を弔ったのかもしれない。京都の善妙尼寺《ぜんみようにじ》が、承久《じようきゆう》の乱（一二二一）にともなう寡婦たちの収容施設の観があったように、鎌倉尼五山や律宗の尼寺へ入寺した尼たちの中には、霜月騒動などの戦いによって生まれた寡婦の存在も見過ごせないようだ。

覚山志道尼は、徳治《とくじ》元（一三〇六）年に死去するが、以後、第四世住持果庵了道《かあんりょうどう》尼まで、北条一門の後室が勤めた。鎌倉幕府が滅亡すると、五世住持として後醍醐《ごだいご》天皇の皇女用堂《ようどう》尼《に》が入った。皇女が入ったことで、以後、東慶寺は「松岡御所《まつがおかごしょ》」と呼ばれるようになった。

ところで、東慶寺は、江戸時代には離婚を望む女性が、そこに逃げ込み三年間生活すれば離婚が許可される尼寺、いわゆる縁切寺《えんきりでら》、駆込寺《かけこみでら》として有名である。その慣行は覚山尼の時に始まるというが確かではない。ただ、そうした縁切り機能は、有力な寺社は古代以来有し、罪過ある者が逃げ入れば許されるという、治外法権をもつほどであった。東慶寺は、罪人を救うというよりも、女人救済の駆込寺として人々に知れ渡り、寺法が確立されてゆき、江戸時代には幕府からも認められていた。江戸時代に入り、他の寺では女人救済所としての特権が失われていく中で、東慶寺と上野満徳寺《こうずけまんとくじ》（群馬県新田《にった》郡尾島町《おじままち》）は、そうした寺法が引き継がれていったのである。

しかし、明治には、そうした特権は否定され、明治三十八（一九〇五）年からは僧侶が住む寺となった。

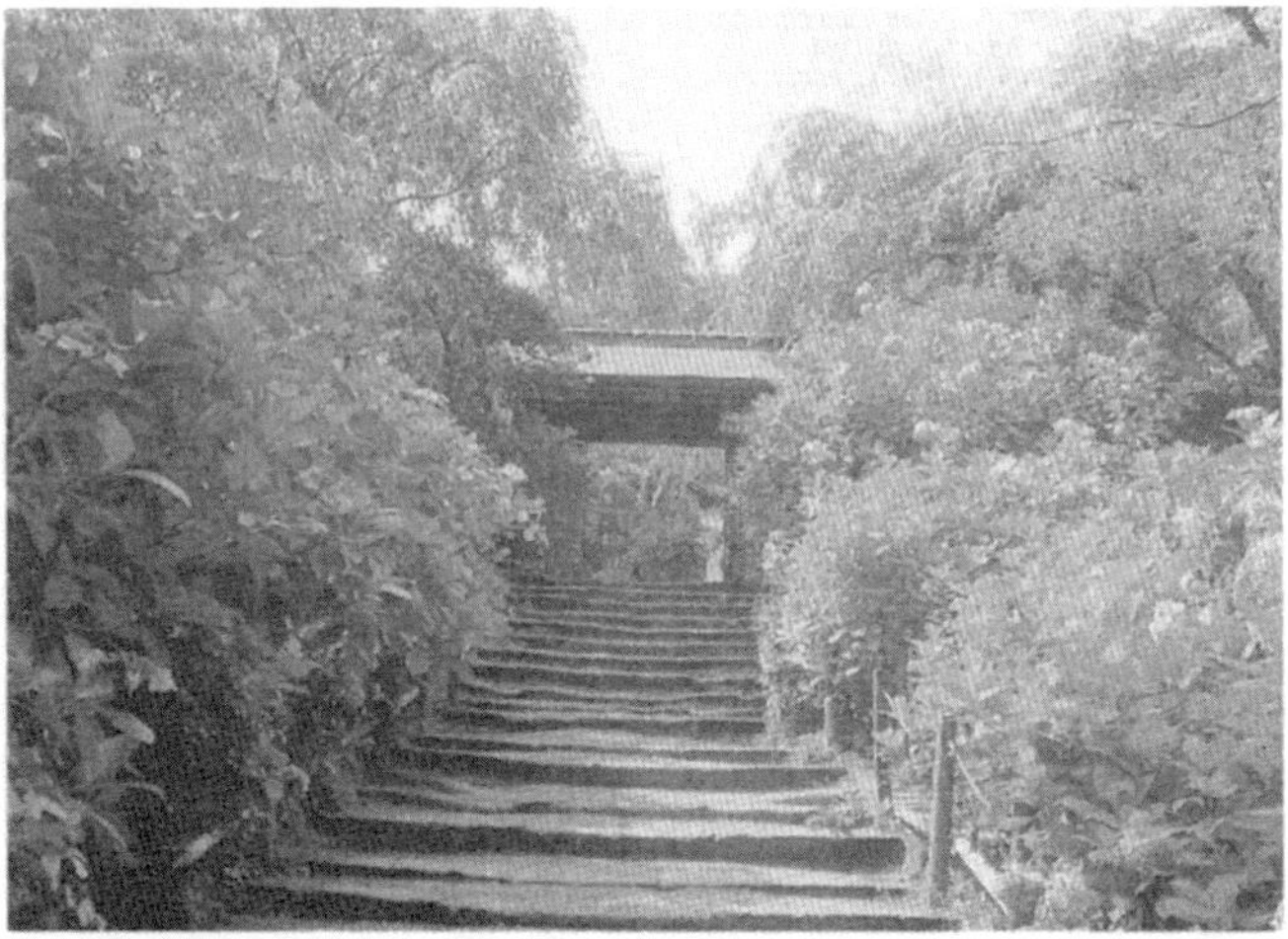

図27　明月院　山門（上）と本堂（下）

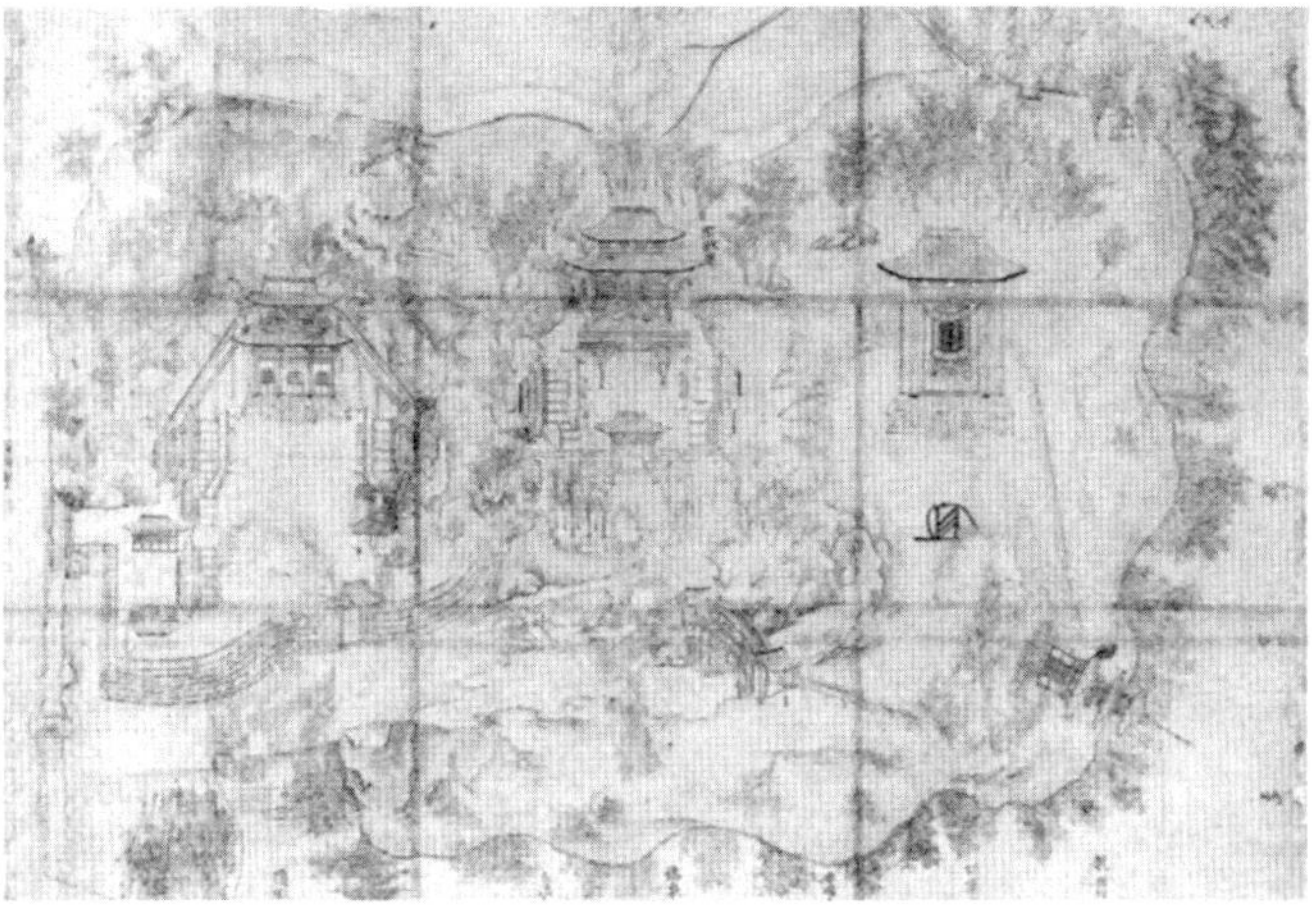

図28　明月院絵図（明月院所蔵）

明月院

明月院《めいげついん》は、現在は臨済宗建長寺派の寺で、アジサイ寺として有名である。明治初年に廃絶した禅興寺《ぜんこうじ》の支院の一つであった。開基は上杉憲方《のりかた》、開山は密室守厳《みっしつしゅごん》という。寺伝では、開基は山内《やまのうち》首藤経俊《すどうつねとし》で、上杉憲方は中興開基という。本寺である禅興寺は、先述した北条時頼の寺であった最明寺の地に北条時宗が開いた寺で、蘭渓道隆が開山という。関東十刹《じっさつ》の一つで、明月院ほかの支院があったが、後には衰え、逆に明月院に附属して存続するようになった。

他方、明月院の方は室町時代を通じて繁栄し、その寺観は明月院絵図によって知られる。そこで、明月院絵図を手がかりに往時の明月院をみよう。

図は、明月院に所蔵されている明月院の境内絵図である。九枚の紙をついで描かれているが、本図は応永元（一三九四）年頃の、すなわち明月院が創建されてまもないころの様子を描いたものと考えられている。図の右方中央に見える花押は鎌倉公方《くぼう》足利氏満《うじみつ》（一三五九―九八）のもので、境界を確定するために本絵図が作成されたことを示していると考えられている。

絵図には、禅興寺の第二代長老無及徳詮《むきゅうとくせん》の墓所である宗猷庵《そうゆうあん》を中央に、その左に仏殿を中心とした明月院の建物（庫裡《くり》と客殿か）を描き、右方には経蔵、その下に三重塔を描いている。このように明月院は禅興寺の支院とはいえ、独立した寺院としての寺容を誇り、山内を本拠とした山内上杉氏の菩提寺として繁栄した。

浄智寺

五山第一位の建長寺、第二位の円覚寺と第三位の寿福寺について述べたので、次に第四位の浄智寺《じょうちじ》について述べよう。

浄智寺は、山内にあって、山号は金峰山《きんぽうざん》と号す。現在は、臨済宗の円覚寺派に属している。弘安四（一二八一）年に死去した北条宗政の菩提を弔うために妻と子息師時《もろとき》（第十代の執権）とが創建したという。

寺伝によれば、開山には南洲宏海《なんしゅうこうかい》・大休正念《だいきゅうしょうねん》・兀庵普寧《ごったんふねい》の三人の名が連なっている

図29 浄智寺 山門（上）と仏殿（下）

図30　浄妙寺　山　門

が、それは実際の開山は南洲宏海であるが、師の大休正念・兀庵普寧の二人に開山の名誉を譲ったためという。

元亨《げんこう》三（一三二三）年の北条貞時の十三回忌には、浄智寺からの参加者は二二四人、寿福寺についで四番目の参加者数に達している。

しかし、現在に伝わる文献史料が少ないために、残念ながら、五山第四位に位置付けられた南北朝期の浄智寺の姿を具体的に明らかにしがたい。文化財としては鎌倉時代の木造地蔵菩薩像、室町時代の木造三世仏坐像、南北朝時代の木造大休正念像、木造南洲宏海像などがある。

浄妙寺

浄妙寺《じょうみょうじ》は、正式名称を稲荷山《いなりさん》浄妙寺という。臨済宗寺院である。開基は足利義兼《よしかね》（?―一一九九）で、栄西の弟子退耕行勇《たいこうぎょうゆう》を開山として文治四（一一八八）年に開かれたというが定かではない。もともとは、極楽寺といっていたが、正嘉元（一二五七）年から正応元（一二八八）年の間に浄妙寺と改ためたと考えられている（鎌倉市史編纂委員会、一九五九b）。その時期は、忍性に率いられ、鎌倉の南西に位置する極楽寺が北条氏の後援を受け、大発展を遂げていった頃であり、改名の背景に、その極楽寺と混同されるのを避ける必要があったのかも知れない。

浄妙寺は、尊氏の父貞氏《さだうじ》（一二七三―一三三一）の法名が浄妙寺殿であるように足利氏の氏寺《うじでら》であった。浄妙寺は、持仏堂が寺に発展したものと推測されるが、元は極楽寺という名前であったことから推測されるように、もともと浄土系の寺であった可能性がある。とすれば、浄妙寺の前身である極楽寺は、西方極楽世界の教主阿弥陀仏のいる所ということで、貞氏の屋敷の西側に位置していたであろう。

当寺がもっとも栄えたのは、南北朝期で、当初十刹位の寺であったのに、至徳三（一三八六）年には鎌倉五山の五番目に昇格した。それは、足利氏の繁栄による。浄妙寺は、鎌《かま》倉公方《くらくぼう》御所の西隣に位置した。鎌倉公方御所は、足利貞氏の鎌倉屋敷の発展したものと考えられる。この鎌倉公方というのは、室町幕府が関東支配のために設置した鎌倉府という機関の長のことである。貞和《じようわ》五（一三四九）年七月に、足利尊氏の四男基氏《もとうじ》（一三四〇―六七）が鎌倉に下向し、以後、基氏の子孫が鎌倉公方として、東国十国を統轄する体制が成立していった。このように浄妙寺は鎌倉公方の氏寺として繁栄を遂げた寺であった。

鎌倉時代の浄妙寺については、元亨三（一三二三）年の北条貞時の十三回忌に、五一人が参加している史料があるくらいである。この寺には、約翁徳倹《やくおうとくけん》・高峰顕日《こうほうけんにち》・天岸慧広《てんがんえこう》らが住んだ。

浄妙寺が最も栄えたと考えられる南北朝期に関しても、史料がないためにはっきりしない。しかし、江戸時代に、最盛期を偲《しの》んで作成されたという絵図が伝わっている。それから中世の浄妙寺を云々《うんぬん》するわけにはゆかない。が、同様の性格をもつ極楽寺絵図の内容が、発掘の成果により一応裏付けられたように、口承伝承に基づいて作成されたと考えられる本絵図も、どのような支院や建物がどのあたりにあったのかを知るてがかりとなるのではないかと考える。そこで、絵図の内容の紹介をしておこう。

浄妙寺絵図

絵図は、二枚の紙をついで描かれ、着色されている。大きさは七七・七×八五・四チセンである。絵図を見ると、西側に五棟の僧坊が並び、さらに木々

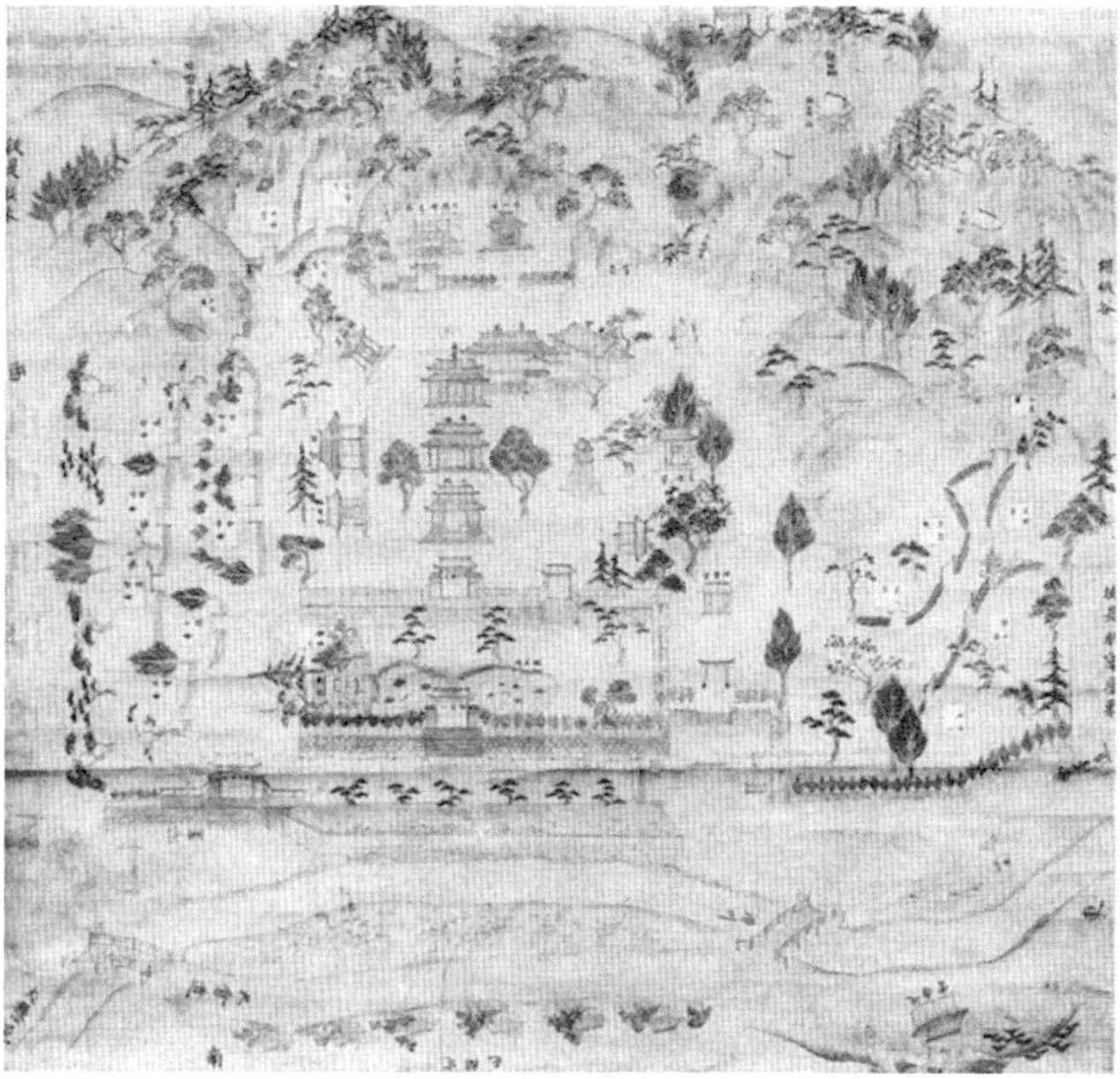

図31　浄妙寺絵図（浄妙寺所蔵）

を境として法雲庵《ほううんあん》、宏証庵《こうしょうあん》、禅昌庵《ぜんしょうあん》、法勝庵、楞厳庵《りょうごんあん》、仏智庵、徳源庵《とくげんあん》、五畤庵《ごほうあん》、大休寺、延福寺、瑞龍庵《ずいりゅうあん》、熊野社といった支院と神社が描かれ、それらの入口として「若木宝所」の額がかかる外門がある。

中央には、「稲荷山」の額のかかる総門を入口とし、般若池《はんにゃいけ》、直心庵《じきしんあん》、諏訪社《すわしゃ》がある部分がある。つぎに「浄妙禅寺」の額のかかる中門から、山門、仏殿、法堂《はっとう》、方丈《ほうじょう》、庫裏《くり》がほぼ一列にならんでいる。庫裏の北側には霊芝《れいし》という文字があって、そこに霊芝庵があったことを示している。さらに左右に文殊堂《もんじゅどう》、禅堂、経堂《きょうどう》、浴室、荒神堂《こうじんどう》がある。それらの北側に開山塔と大檀那霊廟《だいだんなれいびょう》がある。

東側には、鳥居を入口として、神楽堂、稲荷社があり、さらに東側には、慈済庵《じさいあん》、金隆庵《きんりゅうあん》、知足庵《ちそくあん》、東禅庵《とうぜんあん》、升林軒《しょうりんけん》、聴泉軒《ちょうせんけん》がある。また、滑川《なめりかわ》の向い側に延寿堂《えんじゅどう》がある。

このように、江戸時代の絵図で、かつ口承伝承に基づくとはいえ、最盛期には二十の支院・末寺があったといわれる浄妙寺内の構成と繁栄ぶりをイメージさせてくれる絵図である。さらに、宅間《たくま》上杉氏の屋敷が、滑川をはさんで浄妙寺の向側にあったことが推測されるなど、貴重な史料である。

図32　瑞泉寺　本堂（上）と庭園（下）

瑞泉寺

天台山の南、紅葉ケ谷《もみじがやつ》にある瑞泉寺《ずいせんじ》は、嘉暦《かりやく》二（一三二七）年に二階堂貞藤《にかいどうさだふじ》（法名道蘊《どううん》、一二六七—一三三四）が建てた寺（瑞泉院といった）に始まり、夢窓疎石《むそうそせき》が初代の住持であった。翌年には、観音殿・偏界一覧亭《へんかい》が建設され、庭も整備され、しばしば詩会が開かれている。とくに、偏界一覧亭からは富士山を眺めることができる。疎石以後は、疎石門下の寺として栄え、古天周誓《こてんしゅうせい》・義堂周信《ぎどうしゅうしん》らが住持となっている。

開基の二階堂貞藤は、鎌倉幕府の政所《まんどころ》執事を勤めるなど実務派官僚として幕府の重要人物であったにもかかわらず、幕府滅亡と運命をともにしなかった。建武新政下では、裁判を扱う雑訴決断所《ざつそけつだんしょ》衆に任用されたのである。が、結局、陰謀に加担したとして一三三四年に殺されている。

鎌倉公方の初代といえる足利基氏は、貞治六（一三六七）年四月三十日に死去したが、彼の遺命により、彼は瑞泉寺に葬られた。ここに瑞泉寺は鎌倉公方の菩提寺となったのである。瑞泉寺は錦屏山《きんぺいざん》と号し、文明《ぶんめい》十三（一四八一）年から長享《ちょうきょう》二（一四八八）年五月の間、あるいは一四五〇年四月頃には十刹位の寺であったことがわかっている。

日蓮宗寺院――敗者供養の場

日蓮

日蓮《にちれん》（一二二二―八二）は、安房国《あわ》（千葉県）小湊《こみなと》に生まれ、十二歳で地元の清澄寺《せいちょうじ》に預けられて、十六歳で出家《しゅっけ》した。その後、比叡山延暦寺《ひえいざんえんりやくじ》などで天台宗《てんだいしゅう》を学んだのち、三十二歳で清澄寺にもどった。だが、法華経《ほけきょう》の絶対性を説き、南無妙法蓮華経《なむみょうほうれんげきょう》と唱えれば救われると主張した。とくに、浄土教《じょうどきょう》信仰を否定したために、清澄寺を追われた。日蓮は、建長《けんちょう》五（一二五三）年（一説では建長六年）に、安房国から鎌倉へ入ったという。もっとも、最近では、鎌倉入りの年を建長八（一二五六）年とする説もある。

日蓮が鎌倉で拠点としたのは、鎌倉の東南の境界にあたる名越《なごえ》であった。名越を越えると三浦半島に通じる。現在の「まんだら堂」の一帯で、そこは、死体がゴロゴロと横たわる風葬の地であった。日蓮は、そうした地に庵を開いたのである。そこは松葉ヶ谷《まつばがやつ》の草庵と呼ばれる。そこから、小町大路《こまちおおじ》へ出て、辻説法《つじせっぽう》をしたと推測されてきた。しかし、日蓮は、不特定多数に説法する辻説法よりも、知人をたどって一人一人に教えを説いたとする説が出されている（佐藤弘夫、二〇〇三）。名越の安国論寺《あんこくろんじ》、長勝寺《ちょうしょうじ》、妙法寺《みょうほうじ》は松葉ヶ谷の後身と自称しているが、確たる証拠はない。

日蓮は、そうした布教活動の結果、名越の住人の中に信者を獲得した。その信者の中には、北条氏の一族である名越氏の関係者もいたらしく、そうしたルートを通じて『立正《りっしょう》安国論《あんこくろん》』が幕府へ提出されたのであろう。たとえば、日蓮の主要な信徒の一人である四条《しじょう》頼基《よりもと》は、名越氏に仕える武士であったし、名越尼と呼ばれる名越一族の女性も信者であった。

名越氏は、北条義時《よしとき》の次男朝時《ともとき》（一一九三―一二四五）が名越邸に住し、名越氏と称したのに始まる。朝時は、加賀・能登《のと》・越中《えっちゅう》・越後・大隅《おおすみ》五ヵ国の守護を兼ね、執権・連署に次ぐ地位にあった。また、その子の時章《ときあき》・教時・公時も評定衆《ひょうじょうしゅう》となった。すなわち、北条一族の中で得宗《とくそう》家に次ぐ家格であった。

だが、朝時の長男光時《みつとき》は、寛元《かんげん》四（一二四六）年に前将軍九条頼経《くじょうよりつね》とはかって北条時頼《ときより》を除こうとしたが、露見《ろけん》して逆に出家させられた。また、教時は、文永《ぶんえい》九（一二七二）年に北条時宗の兄時輔《ときすけ》と結び、時宗を除こうとしたが、逆に討たれ、時章も殺された。このように、名越氏は得宗専制の過程で、勢力を削《そ》がれていった。そうした悲劇によって、人生の苦にめざめ、名越氏は日蓮の教えを信じるにいたったのかもしれない。

日蓮が根拠地とした名越は、先述した念空道教《ねんくうどうきょう》ら諸行本願義の念仏僧たちの拠点でもあり、法華経の絶対性を説いて、他宗を厳しく批判する日蓮に対しては、念仏僧や忍性ら律僧たちの糾弾《きゅうだん》が起こった。その結果、弘長《こうちょう》元（一二六一）年には伊豆の伊東に流され、文永八（一二七一）年には佐渡へ配流《はいる》された。文永十一（一二七四）年には赦免《しゃめん》されて鎌倉に帰り、のちに、甲斐《かい》（山梨県）身延山《みのぶさん》に入り、門下の教育や著述活動を行なった。

鎌倉における日蓮宗の拠点といえば、妙本寺《みょうほんじ》を忘れてはならない。次に、妙本寺を見てみよう。

比企氏の乱と妙本寺

夷堂橋《えびすどうばし》を渡ってしばらく行くとうっそうとした森の中に妙本寺（現、大町一丁目）が立っている。春は桜や海棠《かいどう》が咲き誇り、観光客の心を和ませてくれるが、その過去の歴史を知る者には、人の世の無常を感じずにはお

図33　妙本寺　総門（上）と祖師堂（下）

れない。この地には、第二代将軍源頼家《よりいえ》の外戚《がいせき》となった比企能員《ひきよしかず》（？―一二〇三）の屋敷があり、北条時政《ときまさ》の策略によって第三代将軍になるはずの一幡《いちまん》が、比企能員の娘とともに、そこで殺されたからだ。

妙本寺は正式には長興山妙本寺といい、日蓮宗の寺院である。開基は比企大学三郎能本というが、それについては後で触れる。開山は日蓮門下の六老僧の一人、日朗《にちろう》。開創は文《ぶん》応《おう》元（一二六〇）年と伝える。本尊は木造日蓮坐像である。

鎌倉初期、この地に比企能員館があったことから、寿永《じゅえい》元（一一八二）年七月十二日には、すでにこの地は「比企《ひき》ヶ谷《がやつ》」と呼ばれていた。同日、比企館は北条政子の御産所となり、同八月十二日には、そこで源頼家が生まれた。妙本寺の敷地が広大なのも、第二代将軍の誕生の地に選ばれるような、有力者比企能員の屋敷跡だったからである。比企能員の義理の母であった比企尼が、頼朝の乳母であった関係から流人《るにん》時代の頼朝を助けたために、能員も頼朝の信任が厚く、頼家が誕生すると妻がその乳母になった。

比企能員は、平家追討《ついとう》の戦いでは源範頼《のりより》に従って出陣、奥州藤原泰衡《ふじわらのやすひら》追討戦には北陸道大将軍として出羽《でわ》を平定するなど活躍した。このように、頼朝の側近として信任が厚く、上野《こうずけ》・信濃《しなの》両国の守護を勤めた。

文治《ぶんじ》二（一一八六）年六月十六日には、比企尼の招きで、頼朝・政子夫妻が来訪、郷内の瓜《うり》園でとれた瓜を賞味して納涼《のうりよう》したり、同三年九月九日には、他所《よそ》よりも早くに開花した白菊を見に頼朝夫妻が訪れ、重陽《ちようよう》の酒宴が開かれている。

源頼家の妻は比企能員の娘の若狭局《わかさのつぼね》であり、頼家は何かと比企能員を頼りにしていた。いわば、比企能員は、政子の父北条時政と同様の立場に立っていたのである。建久《けんきゆう》九（一一九八）年、頼家の妻となった若狭局は嫡男、一幡を生んだ。第三代将軍予定者の誕生であり、比企能員は将軍の外戚として権勢を強めていった。その結果、次第に北条氏と比企氏とは対立するようになっていった。そこで、北条時政は政子と謀《はか》り、頼家を廃して、政子のもとで養育していた千幡《せんまん》（源実朝）を次期将軍に立てようと画策した。

建仁《けんにん》三（一二〇三）年八月二十七日、頼家が病気のために重体に陥った時、北条時政と政子は千幡に関西三十八ヵ国の地頭職《じとうしき》を、全国の守護職と二十八ヵ国の地頭職を頼家の子一幡に支配させるよう企図した。頼家が家督を譲るとすれば、当然嫡《ちやくなん》男の一幡に譲るべきだと、比企能員と頼家は怒り、北条氏打倒を図った。

しかし、北条時政の方が上手であった。比企能員を巧みに自邸に招きいれ、殺害するとともに、時を移さず北条一族と畠山、三浦、和田等の御家人を動員して比企一族が一幡を擁して立て籠《こ》もる比企ヶ谷の比企邸を攻撃した。比企一族は防戦したがついに館に火を放って全滅した。わずか六歳の一幡と母・若狭局は、ともに炎の中に消えていった。建仁三(一二〇三)年九月二日のことであった。世にいう比企の乱である。

翌朝、焼け残った一幡の袖《そで》を、頼家の近習《きんじゅう》であった源性《げんせい》が見つけ、供養するために首に掛けて高野山《こうやさん》に向かったという(『吾妻鏡』同日条)。妙本寺には、これを葬ったという袖塚が境内右奥にある。

もっとも、『鎌倉年代記裏書』(南北朝初期成立)建仁三年条によれば、「十一月三日義時、藤右馬允をして一万(幡)公を誅《ちゅう》せしむ」とあり、一幡は義時の命により殺されたとある。これが正しいとすれば、比企一族が全滅した直後には、一幡はまだ生きていたことになる。

比企一族滅亡後は、頼家の遺姫竹ノ御所が比企の屋敷に住んでいたらしい。『新編鎌倉志』には、竹ノ御所旧跡は「本堂へ上る道の左にあり」とある。いまの寺務所あたりであろう。承元《じょうげん》三(一二〇九)年五月十五日頃、政子の女官駿河局《するがのつぼね》も、比企ヶ谷に住んでいた。竹ノ御所が政子の猶子《ゆうし》(養子)だったことを考えると、この地は尼将軍政子が収公していたのであろう。

比企氏の怨霊と供養

ところが、文応元（一二六〇）年十月十五日、事件が起こった。北条政村《まさむら》の娘に、比企能員の娘讃岐局《さぬきのつぼね》の怨霊が乗り移った。政村の娘の口をかりて讃岐局の霊が語ったことによれば、讃岐局は大きな角の生えた大蛇となって、比企ヶ谷の土中で火炎の苦を受けているというのだ。十一月二十七日の夜には、政村が書写した経典《きょうてん》の供養を鶴岡八幡宮別当僧正隆弁が行ない、加持祈禱したために、政村の娘は本復したという。その後に政村が建立したのが現在も遺る蛇苦止堂《じゃくしどう》だという。

ちなみに比企氏が滅んだ時、能員の末子比企大学三郎能本は生き残っていた、と『新編鎌倉志』にはある。伯父の伯耆上人に匿《かく》まわれて出家し、上洛《じょうらく》して京都の東寺に入って順徳天皇に仕え、承久《じょうきゅう》三（一二二一）年七月二十日、順徳天皇が佐渡に配流されたとき、その供をして佐渡に赴き、やがて四代将軍九条頼経室になっていた竹ノ御所の執《と》り成《な》しで、赦されて鎌倉に帰ってきた。そして文応《ぶんおう》元（一二六〇）年、さきに文暦《ぶんりゃく》元（一二三四）年七月二十七日に死んだ竹ノ御所の菩提のため、比企ヶ谷に法華堂《ほっけどう》を創建した。

能本は、これよりさき建長五（一二五三）年頃から鎌倉で布教していた日蓮に帰依し、日学妙本という法名を称していたので、この法華堂は妙本寺と呼ばれることになったという。

なお「妙本」というのは、能本室尼の法名だったともいう。もっとも、開山となった日朗は、寛元元（一二四三）年の生まれなので、このときには十八歳でしかなかったことになる。さらに、『神明鏡』によれば、応永《おうえい》二十九（一四二二）年閏十月十三日、鎌倉公方足利持氏《もちうじ》の命を受けた山内流上杉房実《ふさざね》に攻められて、佐竹《さたけ》興義《おきよし》が「比企ノ谷法花堂ニテ自害」したという。このようなことから、当寺が妙本寺と呼ばれることになるのは、かなり後世のことであろうか。おそらく、妙本寺は、竹ノ御所の菩提を弔う法華堂として出発したが、文応元（一二六〇）年の事件を機に、北条氏によって比企氏の菩提を弔う法華堂が建てられ、一五世紀以降に妙本寺と呼ばれるようになったのであろう。

鎌倉中の旧仏教寺院

幕府と鶴岡八幡宮

鎌倉を訪れる観光客の多くは、北鎌倉の円覚寺《えんがくじ》・東慶寺《とうけいじ》・建長寺《けんちょうじ》あるいは長谷の大仏などを訪れる。

寺社奉行

しかし、実は禅宗など新仏教系が繁栄し始めるのは、十三世紀の後半のことで、それ以前においては、鶴岡八幡宮《つるがおかはちまんぐう》、勝長寿院《しょうちょうじゅいん》（廃寺）、永福寺《ようふくじ》（廃寺）、大慈寺《だいじじ》（廃寺）、大倉《おおくら》法華堂《ほっけ》（廃寺）などの、いわゆる旧仏教寺院の方が極めて重要な役割を果たしていた。それらは、十三世紀半ばまで、将軍の御願寺《ごがんじ》として大きな役割を果たしていたのである。

建仁《けんにん》三（一二〇三）年十一月十五日、「鎌倉中寺社奉行《じしゃぶぎょう》事」が再度定められた。再度というのは、建久《けんきゅう》五（一一九四）年十二月二日にいったん定められたものの改定だからである。

十五日、己卯、鎌倉中寺社奉行の事、さらに定めらる、仲業、清定、執筆として記す、
鶴岡八幡宮　江間四郎　和田左衛門尉　清図書允
勝長寿院　前大膳大夫　小山左衛門尉　宗掃部允
永福寺　畠山次郎　三浦兵衛尉　善進士
阿弥陀堂　北条五郎　大和前司　足立左衛門尉
薬師堂　源左近大夫将監　千葉兵衛尉　藤民部丞
右大将家法花堂　安達右衛門尉　結城七郎　中条右衛門尉

問題になっている寺社奉行というのは、寺社に関する人事・祭祀《さいし》法要・祈禱・訴訟処理などを担当する鎌倉幕府の役人で、特別な寺院には個別に任命された。ここでの寺社奉行は、「鎌倉中寺社奉行事」とあるように、特別行政区の「鎌倉中」にあった将軍の御願寺に個別におかれた奉行である。鶴岡八幡宮、勝長寿院、永福寺総寺、同阿弥陀堂《あみだどう》・同薬師《やくし》堂《どう》、右大将家（源頼朝）法華堂にいずれも三人の担当奉行が任命されている。

十三世紀の初頭において鶴岡八幡宮・勝長寿院・永福寺・同阿弥陀堂・同薬師堂・右大将家法華堂に奉行人が置かれていることがわかる。とくに永福寺には、阿弥陀堂・薬師堂にも別個に奉行人が置かれるほど重要視されていたことが注目される。

それはさておき、ここでは、まず鶴岡八幡宮・勝長寿院・永福寺・法華堂こそは、鎌倉中で鎌倉幕府が個別に奉行をおいて保護し、統制しようとしていたことを押さえておきたい。

しかも注目すべきは、それらの寺院の配置である。頼朝は、治承《じしょう》四（一一八〇）年十月に鎌倉に居を構え、その屋敷である大倉御所へ十二月に入った。鶴岡八幡宮は大倉御所の西側に、勝長寿院は南側に、法華堂は北側に、永福寺は北東の鬼門に位置し、御所を守護する配置になっていた。

さらに、後には、源実朝の立願によって建暦《けんりゃく》二（一二一二）年に建立が開始され、建保《けんぽう》二（一二一四）年にひとまず完成した大慈寺（廃寺）も、将軍御願寺の一つとして、重要視されていった。その結果、十三世紀半ばにおいては、鶴岡八幡宮・勝長寿院・永福寺・大慈寺・法花堂が、鎌倉中の主要な旧仏教寺院と位置づけられていた。とくに鶴岡八幡宮は、「鶴岡八幡宮ならびに鎌倉中諸堂供僧《ぐそう》事」（弘安《こうあん》八年四月八日付「追加法」）といった具

図34　鶴岡八幡宮

合に、「鎌倉中」内で幕府が管轄《かんかつ》した寺院の筆頭に挙げられるように、幕府が最重要視した寺院であった。また、他の寺院と違い多くの史料が遺されている。そこで、まず、鶴岡八幡宮からみてみよう。

鶴岡八幡宮寺　現在の鶴岡八幡宮は、鎌倉の中心に位置し、鎌倉を代表する観光地で、年末年始にも多くの参拝客を集める神社である。しかし、明治維新《いしん》の神仏分離以前は、「鶴岡山八幡宮寺」と山号と寺号を有する寺、より正確に言えば、神主《かんぬし》と僧侶《そうりょ》が棲《す》み分けしつつ共住する神宮寺《じんぐうじ》であった。

しかも、社務とか別当《べっとう》と呼ばれる僧侶が総責任者で、僧侶の方が優勢であった。それというのも、当時は神仏習合《しんぶつしゅうごう》といって、神々は、仏が仮に神の姿をとってあらわれるとする考え（本地垂迹説《ほんじすいじゃくせつ》）が一般化していたからである。たとえば、鶴岡八幡宮の主神である誉田別神《ほんだわけのかみ》は阿弥陀が本地と考えられていた。

それゆえ、鶴岡八幡宮寺には、明治維新までは、仁王門《におうもん》、大塔、輪蔵《りんぞう》（経典のいわば図書蔵）ほかの仏教系の施設が林立《りんりつ》し、放生会《ほうじょうえ》を始めとする仏教儀礼が行なわれていた。僧侶は、供僧とも呼ばれ、最盛期には一人前の供僧の定員は二五人であった。供僧は鶴岡八幡宮寺の裏手に住み、そこには「慈月坊《じげつぼう》」ほか二十五坊と総称される建物が建ち並んでいた。

しかし、明治《めいじ》元（一八六八）年の神仏分離令《しんぶつぶんりれい》によって、大塔や輪蔵などは明治三年には撤去《てつきょ》されている。仁王門に飾られていた仁王たちは、現在、寿福寺に保管されている。すなわち、明治以前の鶴岡八幡宮の装いは、現在のそれとは大いに異なっていたのである。

また、鶴岡八幡宮の東側には将軍の邸宅である御所（大倉御所）が位置していた。こうしたことは、非常に重要で、中世、とくに鎌倉時代の鶴岡八幡宮を理解する前提となる事項といえる。先述のように鶴岡八幡宮の主神である誉田別神は阿弥陀が本地と考えられ、御所の西方に位置する必要があったのだ。

八幡神の勧請

源頼朝は、治承四（一一八〇）年十月七日に鎌倉に入り、同十二日に、祖先の頼義《よりよし》が密かに勧請《かんじょう》した石清水八幡神《いわしみずはちまんしん》（現在の元八幡）を小林郷の北山、すなわち、現在地に移した。鎌倉入りからわずか五日目のことである。

八幡神は、元々は豊前《ぶぜん》（大分県）宇佐《うさ》氏の氏神で、応神《おうじん》天皇の垂迹神という。八幡神は穀霊《こくれい》・産銅《さんどう》の神ともいわれ東大寺大仏鋳造《ちゅうぞう》に際して国家と結び、大仏助成の託宣《たくせん》を下した。その後、貞観《じょうがん》二（八六〇）年に僧行教《ぎょうきょう》が宇佐から石清水に勧請した。ここに、石清水八幡宮が成立した。

頼朝は、治承四（一一八〇）年十月十二日、移転の前日に鎌倉に到着した伊豆走湯山《そうとうさん》の良暹《りょうせん》を当座の別当とし、大庭景義《おおばかげよし》を鶴岡八幡宮の担当奉行とした。ここに、鶴岡八幡宮若宮が始まった。同年十二月四日には、阿闍梨定兼《あじゃりさだかね》が初めて鶴岡八幡宮所属の僧侶（供僧という）に任命された。

寿永《じゅえい》元（一一八二）年三月十五日には、頼朝は妻北条政子の安産祈願のために、自ら監督して社頭から由比ヶ浜《ゆいがはま》までの間にまっすぐな参道を作り始めた。若宮大路《わかみやおおじ》の整備が始まったのである。

さらに、同年九月二十日には円堯《えんぎょう》が園城寺《おんじょうじ》（三井寺《みいでら》ともいう）から初代別当として招か

図35　若宮大路

れた。『吾妻鏡《あずまかがみ》』は、円堯のことを「後三条院の御後輔仁親王の御孫、陸奥守源朝臣義家の御外孫なり」といい、「鶴岡八幡宮社務職次第」では、「輔仁親王の御孫、行恵法眼子息、行暁法印勧請の弟子、母は六条判官為義の女」という。すなわち、円堯は、頼朝の従兄弟に当たる。頼朝は初代別当にわざわざ従兄弟を任命したように、鶴岡八幡宮は源氏の氏寺として出発したのである。

図36　源氏略系図

義家──為義──義朝──頼朝
　　　　　　　└女──円堯

こうして鶴岡八幡宮寺は、若宮を中心に整備が進んだ。

鶴岡八幡宮の発展

ところが、建久二（一一九一）年三月四日の火災を契機に、同年十一月、石清水八幡神が山の中腹に正式に勧請された。それまでは、頼朝が、朝廷の許可を得ずに勝手に勧請していたが、ここに、朝廷も公認する本宮が造営されたのである。この時、若宮・本宮などからなる八幡宮の原型ができる。この建久二年前後になって八幡宮の年中行事・機構等がほぼ完成した。

また、建久二年十二月には大伴清元《おおとものきよもと》が神主に任命され、以後、大伴氏が神主職を世襲することになる。神主は奉幣《ほうへい》・散供《さんぐ》などを担当した。ここに、神社としての組織整備も進んでいった。

この大伴氏は、京都から来たのか、鎌倉近辺にいたのかはっきりしない。大伴氏の系図では、京都からきたことになっているが、鎌倉近辺にいた伴氏が登用されたとする説もあることを指摘しておこう。なお、大伴氏の代々の墓所は浄光明寺にある。

こうして整備された鶴岡八幡宮の人的な構成は、別当（社務）を頂点とし、供僧・小別当・三綱《さんごう》・承仕《しょうじ》・下部《しもべ》などの社僧と、神主以下、巫女《みこ》・神人《じにん》・宮人《みやびと》といった神官によって成り立っていた。

このように源氏の氏寺（社《やしろ》）として始まった鶴岡八幡宮であったが、承久元《じようきゆう》（一二一九）年に源氏将軍が三代で滅ぶと、鎌倉幕府の寺へと性格を変化させていったのである。

つぎに、鶴岡八幡宮で行なわれた法会《ほうえ》のうち、放生会を紹介しよう。鶴岡八幡宮の放生会は、文治《ぶんじ》三（一一八七）年以来、原則として毎年八月十五日に開催された。放生会は、見物人が「万人きをひこぞる」（「鶴岡放生会職人歌合」）といわれる都市鎌倉を代表する祭礼である。

鶴岡放生会は、「さても石清水の流をわけて関の東にも若宮ときこゆる社おはしますに八月十五日都の放生会まねびて行ふ」（『増鏡《ますかがみ》』）と言われるように、山城の石清水八幡宮放生会をまねて開始された。そして「法会のさまも本社にかはらず」（『増鏡』）と言われるように、石清水放生会と似た法会が行なわれた。

鶴岡放生会は文治三（一一八七）年八月十五日に始まり、当初は、その一日だけが式日であったが、建久元（一一九〇）年より十五・十六日の二日間にわたって行なわれることになった。そして、十五日には将軍参宮、奉幣、法会（法華経供養など）、若宮回廊での舞楽などが、十六日には馬長《うまおさ》（将軍より八幡宮へ馬を寄付した）、流鏑馬《やぶさめ》、競馬などが馬場で行なわれた。なお、鶴岡八幡宮の京都版といえる京都六条若宮八幡宮でも文治三（一一八七）年八月十五日に放生会が始められており、放生会が源頼朝の意思によって開始されたことが、そこにも読み取れる。このように、鶴岡放生会は文治三年八月十五日に始まったが、それは、文治元（一一八五）年の三月に平家を滅ぼした滅罪のために石清水放生会をまねて始まったと推測される。

流鏑馬儀礼

ところで、石清水放生会と決定的に異なるものがある。すなわち、流鏑馬儀礼である。鶴岡放生会では二日目の十六日に流鏑馬を中心とする馬場の儀が取り行なわれた。この流鏑馬儀礼は石清水放生会にはないものであるが、それこそ鶴岡放生会のハイライトであり、馬場には栈敷《さじき》が設けられて見物人が集まったのである。そして、その栈敷も華美を競い合ったために檜ではなく杉を用いるよう禁令がだされたほどであった。流鏑馬儀礼という武家特有の儀礼がハイライトであったことこそ鶴岡放生会が鎌倉武士の祭礼であったことを象徴している。

武士たちが放生会において勤めた役割は、流鏑馬役ばかりではなかった。すなわち、参宮する将軍に行列を作ってしたがう随兵役、辻を警護する警護役、流鏑馬役をはじめとした宮内での神事を勤める役、の三つに大別される役割があった。いずれも、将軍に仕える御家人たちの重要な役であり、とくに将軍の参宮の随兵たちのパレードは、流鏑馬の騎射と同様に御家人たちのハレの舞台であった。そして、パレードの順序には、御家人たちの身分秩序が如実に表れていたのである。それゆえ、その衣裳などにお金をかけ、華美を競いあった。そして、随兵の人数は二〇―三〇人のようであるが、それには二種類がある。一つは布衣《ほい》（狩衣《かりぎぬ》）を着し、一つは直垂《ひたたれ》（武士の儀式用の服装）を着した。直垂を着する随兵は帯剣《たいけん》して御車の左右に供奉した。

さらに、鶴岡八幡宮では承久の乱（一二二一年）以後、将軍の病気、天変などに際して、一〇〇人の僧侶を集めて仁王経《にんのうぎょう》を読誦《どくじゅ》する大仁王会《だいにんのうえ》が開催されるなど、関東の鎮護国家の祈禱がなされた。

鶴岡八幡宮の官僧たち

中世の鶴岡八幡宮《つるがおかはちまんぐう》を理解する上で僧侶に注目するのは重要である。そこで、退耕行勇《たいこうぎょうゆう》（一一六三―一二四一）・公暁《くぎょう》（一二〇〇―一九）・隆弁《りゅうべん》（一二〇八―八三）の三人の僧侶に注目してみよう。

行勇

行勇は、栄西《ようさい》の跡を継《つ》いで寿福寺《じゅふくじ》の第二代長老、高野山《こうやさん》の金剛三昧院《こんごうさんまいいん》長老（総責任者）、第二代建仁寺《けんにんじ》長老、浄妙寺《じょうみょうじ》開山として活躍した臨済宗《りんざいしゅう》の禅僧と理解されがちである。だが、当初は、鶴岡八幡宮所属の官僧で、正治《しょうじ》二（一二〇〇）年に下向《げこう》してきた栄西に帰依《きえ》して禅僧になった。

『鶴岡八幡宮寺諸職次第』によれば、先述した「慈月坊《じげつぼう》」の初代として、行勇の名が記されている。すなわち、行勇は、㈠周防国《すおう》（山口県）の出身で、元は玄信《げんしん》といい、園城寺《おんじょうじ》で修行した官僧、すなわち寺門派《じもんは》の僧であったこと、㈡治承《じしょう》五（一一八一）年十月十六日に源頼朝によって、鶴岡八幡宮の供僧《ぐそう》に任命されたこと、㈢北条政子の出家の戒師《かいし》を勤めたり、大慈寺・永福寺の別当に任命されたこと、㈣有俊に供僧職を譲って、「遁世」し、寿福寺栄西の門下に入ったこと、などがわかる。

行勇は、実に鶴岡八幡宮草創期の供僧であったのだ。さらに、行勇というのは、禅僧としての名であったようで、鶴岡八幡宮の供僧時代は玄信と名乗っていた（葉貫磨哉、一九九三）。

『吾妻鏡《あずまかがみ》』養和《ようわ》元（一一八一）年十月六日条には、十九歳の大法師玄信が鶴岡八幡宮の供僧に任命された任命状（補任状《ぶにんじょう》）が掲載されている。『鶴岡八幡宮寺諸職次第』と十日日付が異なるにしても、行勇が源頼朝によって養和元年十月に鶴岡八幡宮の供僧に任命されていたことは事実である。

こうした行勇の事例から、鶴岡八幡宮の供僧は、大法師などの僧位を有する官僧が将軍（後には別当によっても）によって任命されていたことが理解されよう。また、供僧を辞めて寿福寺といった禅寺に入ることが「遁世」と呼ばれていたことも注目される。

公　暁

公暁は、鶴岡八幡宮の歴史において、忘れられない人物の一人である。公暁は、第二代将軍源頼家の三男であるが、頼家の横死《おうし》の後、北条政子のはからいで建暦《けんりゃく》元（一二一一）年に鶴岡八幡宮別当定暁の弟子として僧侶になった。その後、鎌倉を離れ、園城寺（滋賀県）で修行した。建保《けんぽう》五（一二一七）年に鎌倉にもどり、鶴岡八幡宮の第四代別当となった。その間、父の横死の原因が、叔父の実朝と北条義時の謀略《ぼうりゃく》によると聞き、復讐《ふくしゅう》を計画し、機会をねらっていた。承久《じょうきゅう》元（一二一九）年一月二十七日に、実朝《さねとも》右大臣拝賀の機をとらえ、鶴岡八幡宮で実朝を暗殺した。その後、三浦義村《みうらよしむら》を頼って将軍となろうとしたが、裏切られて義村の家来の長尾《ながお》定景《さだかげ》に討たれた。

このように悲劇の源氏の御曹司《おんぞうし》といえる。鶴岡八幡宮は、当初から園城寺系の官僧が勢力を誇っていたが、公暁に味方した者も園城寺系であったために、公暁に連座して処罰された。その結果、隆弁の登場まで、東寺系の官僧が、鶴岡八幡宮で大きな勢力を持つようになった。

隆　弁

隆弁（一二〇八—八三）は、第九代鶴岡八幡宮別当である。隆弁は、四条《しじょう》隆房《たかふさ》の子で、歌人としても有名な僧であるが、三十七年という長きにわたって鶴岡八幡宮別当を勤め、鶴岡八幡宮の官僧の中でも極めて重要な役割を果たした。

隆弁は、行勇と同じく園城寺で修業した僧で、文暦《ぶんりやく》元（一二三四）年三月六日、園城寺から鎌倉に到着し、二十二日にはじめて幕府に参上、将軍に会っている。二十七歳であった。隆弁は、宝治《ほうじ》元（一二四七）年六月二十七日に鶴岡八幡宮の別当に任命された。実は、先述の通り、定豪《じようごう》（別当在任期間、一二二〇—一二二一）以来三代三十年近くにわたり、別当は東寺《とうじ》系の人が続いていた。すなわち、隆弁は園城寺系として久しぶりに別当となったのである。

これより先、隆弁は、嘉禎《かてい》元年（一二三五）六月二十九日の明王院開堂供養の職衆二十人の一人となり、翌二年六月二十八日には、幕府に召されて如意輪護摩《によいりんごま》を修し、嘉禎三（一二三七）年十一月八日には将軍頼経《よりつね》の二所詣《にしよもうで》のとき、箱根権現《はこねごんげん》で御経供養の導師をつとめた。『吾妻鏡』には「この事によりて、鎌倉に召し具せらる」と記している。

暦仁《りやくにん》元年（一二三八）正月九日、頼経が二所詣に出発するが、『吾妻鏡』には「御経供養、導師大納言律師隆弁」と記す。とくに、延応《えんのう》元年（一二三九）五月十二日、頼経は隆弁に命じて、将軍の持仏堂久遠寿量院《じぶつどうくおんじゆりよういん》で最勝王経《さいしようおうきよう》を転読《てんどく》させた。こうしたことから、隆弁は将軍護持僧の一人であったのであろう。寛元《かんげん》三年（一二四五）八月十八日、将軍頼《より》嗣《つぐ》の病気にも隆弁は加持《かじ》して法験《ほうげん》を現しており、将軍頼嗣の護持僧でもあった。

他方、北条氏との関係も良好で、寛元三年七月二十四日、執権北条経時《ほうじようつねとき》の体調が崩れたときには、隆弁が如意輪供《にょいりんく》を修し、経時は七日目に回復した。

また、北条時頼と密接な関係にあったことでも知られている。寛元四年（一二四六）閏《うるう》四月一日、時頼の兄経時が没した。同年六月二十七日には頼経が京都に去り、経時のあとをついだ時頼は、九月二十七日、薬師如来《やくしにょらい》を造らせるにあたり、隆弁に、彫刻する材木である御衣木加持《みそぎかじ》を修させた。隆弁は前年から京都に在住していたが、時頼がしきりに招くので、九月二十五日に鎌倉に帰ったばかりであったという。十月九日には時頼の宿願《しゅくがん》で如意輪の秘法を修し、大般若経の真読《しんどく》をはじめた。真読とは、経文を全部読むのを省略する転読と異なり、一字も略さず読み上げることである。

宝治元（一二四七）年四月十四日には、将軍夫人（北条経時の妹）が病気になったので、隆弁は幕府に伺候《しこう》して、焔魔天供《えんまてんく》を修し、大般若経《だいはんにゃきょう》を転読した。二十八日には、安達義景造立《ぞうりゅう》の愛染明王《あいぜんみょうおう》像の供養導師をつとめた。これは特別な願によるので、七日間秘法を修したという。三浦の乱（宝治合戦《ほうじかっせん》）を想定したものにちがいない。五月九日、時頼の祈禱で尊星王護摩をはじめる。六月三日、時頼の世上無為《せじょうむい》の祈禱がはじまる。隆弁は五穀《ごこく》を断ち、幕府で如意輪の秘法を修し、十三日に結願した。修法で読んだ経名などを記した巻数を隆弁は時頼に送って報告し、時頼はこの期間中に三浦の乱が鎮定されたのは、修法の効果であると感激して、自筆の賀状を遣わしたほどであった。そして、宝治元年六月二十七日に鶴岡八幡宮の別当に任命された。三浦の乱への祈禱への報償であったのだろう。

大仁王会

隆弁の別当の時代には、大仁王会《だいにんのうえ》が、毎年一度行なわれることになる。仁王会とは、一〇〇人の僧に仁王経を講ぜしむる法会である。それは、「仁王経護国品」に、「もし国に災難が有るときは百座の講座を設けて仁王経を請賛し、これを攘《はら》うべき」ことを説いていることに基づいている。日本では、元慶《がんぎょう》八（八八四）年二月五日、光孝《こうこう》天皇が即位すると、一代一度の大仁王会なるものを修し、御一代の間の災厄なきことを祈ることとなった。そして、『延喜式《えんぎしき》』には、即位のさいに一代一度の大仁王会が行なわれるのが定式化される。この一代一度の大仁王会のほかに、普通二月または三月と七月または八月の吉日に恒例として行なわれる春秋二季の臨時仁王会とがあった。そうした仁王会であり、鎮護国家の法会の中心的な法会なのである。それゆえ天皇以外の者、例えば将軍が大仁王会を主催することははばかられたようである。

ところが注目すべきことに、鎌倉幕府も自己の支配領域である関東の鎮護国家のために「大仁王会」と称する法会を開始した。表4は「鶴岡八幡宮寺社務職次第」と『吾妻鏡』

とに基づいて作成した鎌倉時代の将軍主催の大仁王会表である。

表によれば、鎌倉時代に関東において、大仁王会が鶴岡八幡宮で行なわれていたことがわかる。そして、室町期には、それは鶴岡八幡宮では行なわれなくなっている。さらに注目すべきことに鶴岡大仁王会が関東で始められたのは、承久の乱で幕府軍が後鳥羽《ごとば》を打倒しに上洛《じょうらく》した翌日である。すなわち、「鶴岡八幡宮寺社務職次第」の「定豪」の項には承久三（一二二一）年五月二十六日に「当社において、大仁王会を始行す、関東において始てなり」とある。

この大仁王会は、承久の乱の鎮圧のために幕府軍が上洛した際に初めて行なわれたように、幕府も、その主催を気兼するほど正統な支配者が主催すべき法会であった。それゆえ、武家の首都が京都に移った建武以後の室町期には、鶴岡八幡宮では行なわれなくなっている。そして承久以後しばらくの間は不定期に「天変の御祈禱」などのために行なわれた。

ところが第九代鶴岡八幡宮別当隆弁の時代になると毎年一度行なわれることになる。すなわち、「鶴岡八幡宮寺社務職次第」の「隆弁」の項によれば、それは、執権時頼（一二四六—五六在任）の御願《ごがん》により毎年行なわれるようになった。とくに、時頼が執権の時期で最初に大仁王会が行なわれたのは建長《けんちょう》四（一二五二）年九月二十五日のことである。そ

表4　鶴岡八幡宮大仁王会表

No.	年（西暦）	月日	記　　事
1	承久3(1221)	5.26	大仁王会を初めて行なう．講師安楽房法橋重慶，読師民部卿律師隆修，此会関東において初めてという．請僧百口，鶴岡八幡宮，勝長寿院，永福寺，大慈寺供僧等也
2	貞応元(1222)	8.29	大仁王会行なわれる，彗星出現するか
3	元仁元(1224)	3. 5	大仁王会
4	嘉禄2(1226)	2. 5	大仁王会，天変の御祈禱
5	寛喜3(1231)	2.23	大仁王会
6	貞永元(1232)	閏9.26	大仁王会
7	天福元(1233)		大仁王会，月日不詳，怪鳥出現への祈禱
8	嘉禎元(1235)	12.27	大仁王会，将軍の病気平癒のため
9	仁治元(1240)	1.17	大仁王会，彗星出現による，伊豆・箱根でも祈禱
10	建長4(1252)	9.25	大仁王会，講師隆弁，読師大臣法印，宗尊親王御願による
11	康元元(1256)	3. 9	大仁王会，講師隆弁，読師
12	正元元(1259)	4.30	大仁王会，講師隆弁，読師審範
13	文応元(1260)	3.18	大仁王会，講師隆弁，読師審範
14	弘長元(1261)	2.20	大仁王会，講師隆弁，読師審範
15	弘長3(1263)	3.17	大仁王会
16	文永元(1264)	2.28	大仁王会，講師隆弁，読師観伊法印
17	文永元(1264)	10.23	大仁王会，講師隆弁，読師良忠
18	文永6(1269)	6. 8	大仁王会
19	文永7(1270)	6.22	大仁王会，講師隆弁，読師清尊
20	文永8(1271)	7. 6	大仁王会，講師浄禅（上洛中の隆弁の代理），読師良忠
21	文永10(1273)	2.26	大仁王会，講師隆弁，読師清尊
22	建治2(1276)	7.26	大仁王会，講師隆弁
23	建治3(1277)	5.25	大仁王会，講師隆弁，読師房源
24	建治3(1277)	12.12	大仁王会，講師良忠（上洛中の隆弁の代理），読師清尊
25	弘安元(1278)	4.20	大仁王会，講師長弁（上洛中の隆弁の代理），読師良忠
26	弘安4(1281)	5. 2	大仁王会，講師隆弁，読師房源
27	弘安5(1282)	11.20	大仁王会，講師隆弁，読師房源
28	弘安6(1283)	6.15	大仁王会，講師円勇（上洛中の隆弁の代理），読師教範
29	弘安7(1284)		大仁王会
30	弘安8(1285)	12. 8	大仁王会
31	弘安9(1286)		大仁王会
32	弘安10(1287)	2.22	大仁王会

33	正応元(1288)	5.20	大仁王会，講師頼助，読師能厳
34	正応2(1289)	2.16	大仁王会，講師頼助，読師祐親
35	正応3(1290)		大仁王会
36	正応4(1291)		大仁王会
37	正応5(1292)		大仁王会
38	永仁元(1293)	5.28	大仁王会，講師政助（病気の頼助の代理），読師能厳
39	永仁2(1294)		大仁王会
40	永仁3(1295)		大仁王会
41	永仁4(1296)		大仁王会
42	永仁5(1297)	10.21	大仁王会，講師政助，読師聖瑜
43	嘉元元(1303)	閏4.16	大仁王会，講師聖瑜（病気の政助の代理），読師元瑜
44	嘉元3(1305)	2.16	大仁王会，講師道瑜，読師定仙
45	徳治元(1306)	3.11	大仁王会，講師道瑜，読師道珍
46	徳治2(1307)	3. 9	大仁王会，講師道瑜，読師房海
47	徳治2(1307)	8.12	大仁王会，講師道瑜，読師道珍
48	延慶2(1309)	6.19	大仁王会，講師道珍，読師定仙
49	応長元(1311)	3.13	大仁王会，講師道珍，咒願房海
50	正和元(1312)	5. 7	大仁王会，講師道珍，読師房海
51	元応2(1320)	2.23	大仁王会，講師経助（社務信忠の代理），読師豪親
52	元亨元(1321)	2.29	大仁王会，講師経助（社務信忠の代理），読師豪親
53	元亨2(1322)	6.16	大仁王会，講師経助（社務信忠の代理），読師豪親
54	元亨3(1323)	2.28	大仁王会，講師顕弁，読師覚伊
55	正中元(1324)	2.27	大仁王会，講師顕弁，呪願時弁
56	正中2(1325)	4.28	大仁王会，講師顕弁，呪願時弁

注　『吾妻鏡』『鶴岡社務記録』『鶴岡八幡宮寺社務職次第』『親玄僧正日記』により作成す.

れは隆弁を講師《こうじ》として皇族将軍宗尊親王《むねたかしんのう》の御願に基づくものであった。

また、隆弁は、園城寺の復興《ふっこう》にも努めた。建長二（一二五〇）年二月二十三日、隆弁は園城寺興隆《こうりゅう》を幕府に乞い、その日に、助成が決まっている。

以後も、隆弁は、将軍・得宗《とくそう》の両方に仕えつつ、鶴岡八幡宮はもちろんのこと、自己の出身寺院であった園城寺の発展にも努め、弘安《こうあん》六（一二八三）年八月十五日、七十六歳で入滅した。


以上、行勇・公暁・隆弁という三人の僧に注目してみた。鶴岡八幡宮には、僧侶も住み、僧侶が主導権を握っていたことを先に述べたが、彼等は官僧（国家公務員的な僧侶のこと）と呼ばれる存在であった。すなわち、一面においては、朝廷に仕え、天皇から官位・官職に当たる僧位・僧官をもらって、鎮護国家の祈禱に従事するのを第一義としていた。そして、次に述べる大倉法華堂《おおくらほっけどう》、勝長寿院《しょうちょうじゅいん》、永福寺《ようふくじ》、大慈寺《だいじじ》の僧侶も同様に官僧であった。また、幕府草創期に協力的であった寺門系が大きな勢力を有していたことや興福寺系の官僧がいないこと、また、それら寺院が鎌倉の中心部に位置していた点などは注目される。

幕府と寺院

大倉法華堂

治承《じしょう》四（一一八〇）年に頼朝は鶴岡八幡宮《つるがおかはちまんぐう》の東側の大倉《おおくら》に邸宅を設けた。大倉御所である。この御所の北側の背後の山の中腹に、頼朝の墳墓《ふんぼ》堂である法華堂が建てられた。それを大倉法華堂という。源頼朝は、正治《しょうじ》元（一一九九）年正月十一日に死去し、そこに葬られたのである。当時、貴族や上級武士の間では、法華堂を墓所とする場合が多く、北条政子《ほうじょうまさこ》、義時《よしとき》、時房《ときふさ》、大江広元《おおえのひろもと》らも法華堂に葬られた。後白河《ごしらかわ》法皇《ほうおう》も法住寺《ほうじゅうじ》法華堂（京都市東山《ひがしやま》区）に葬られたことはよく知られている。

後に、北条時頼や時宗は禅寺《ぜんでら》に、実時は律寺《りつじ》にといった具合に、禅僧・律僧ら黒衣《こくえ》の遁《とん》世僧《せいそう》が葬送《そうそう》を基本的に担い、墓所がそれらの寺に作られるようになるまでは、「法華堂」

こそが有力武士や貴族の墓所であった。それは、「法華経《ほけきょう》」には死者の滅罪《めつざい》の機能があると信じられていたからだ。

ところで、大倉法華堂については、従来、さほど注目されていない。だが、鎌倉武士の心性《しんせい》を理解するうえで、決定的に重要な場であった。なぜなら、武士たちの、精神的な紐《ちゅう》帯《たい》の場となっていたからだ。江戸幕府の武士団にとって、日光東照宮《とうしょうぐう》が精神的な紐帯の核にあったことはよく知られているが、実に頼朝の墓所大倉法華堂こそは、鎌倉武士団にとっての「東照宮」的存在であった。

たとえば、北条泰時《やすとき》は、仁治《にんじ》元（一二四〇）年十二月二十一日に二階堂基行《もとゆき》の初七日の法事を大倉法華堂で行なった。そのさい、これ以後、評定衆《ひょうじょうしゅう》以下公事《くじ》（幕政《ばくせい》）に携わったものが死去した場合には、追善《ついぜん》に励むべきことを評定で決めたという。どこで追善仏事を行なうか記されていないが、二階堂基行の追善仏事が大倉法華堂で営まれていることから判断すれば、その時以来、大倉法華堂が、評定衆以下の武士たちの幕府主催の追善の場となったと考えられる。このように、法華堂は武士たちの追善儀礼の場として、頼朝を中心として成立した鎌倉幕府の武士たちの精神的な核に位置付けられていく。

法華堂の僧侶がどのような僧であったかはっきりしない。正和《しょうわ》二（一三一三）年に第一

図36　勝長寿院趾

四代鶴岡八幡宮社務となった房海《ぼうかい》は、その前には法華堂別当であり、寺門派《じもん》（園城寺派）の僧であったことがわかっている。

勝長寿院廃寺　勝長寿院《しょうちょうじゅいん》は、鎌倉市雪ノ下大御堂ケ谷《おおみどうがやつ》にあった寺である。大御堂橋を渡って南西に入った路上に「勝長寿院趾」の碑が建っている。

勝長寿院は、源頼朝が父義朝のために建立《こんりゅう》した寺院で、文治《ぶんじ》元（一一八五）年十月に完成供養が行なわれた。正式には、阿弥陀山勝長寿院という。天文《てんぶん》九（一五四〇）年ころまでは存続したらしいが、江戸初期には廃絶した。元は、極めて壮大であったので、大御堂とも呼ばれた。また、大倉御所の南に所在したので、「南御堂」とも呼ばれた。

平治の乱に敗れた源義朝《よしとも》は、平治元《へいじ》（一一五九）年十二月、長田忠致《おさだただむね》によって従臣鎌田《かまた》正清《まさきよ》（政家）とともに殺害されたが、文治元（一一八五）年九月三日、義朝・正清の首が勝長寿院に埋葬された。つまり、源義朝の墓所であった。また、永仁《えいにん》二（一二九四）年には朝廷から阿闍梨《あじゃり》三口の設置を認められて公家《くげ》御願寺の格式を得、鎌倉末には造勝長寿《ぞうしょうちょうじゅ》院船《いんせん》が中国に派遣されている。

ところで、勝長寿院については、その別当を中心に明らかになってきた。勝長寿院別当は、創建後、恵眼房性我《えげんぼうせいが》（東密）・定豪《じょうごう》（東密）・親慶《しんぎょう》（寺門）と継承された。ところが、九条頼経の時代（一二一九—四六）に、良信《りょうしん》が別当となってからは、最信《さいしん》・源恵《げんえ》、仁澄《にんちょう》・道潤《どうじゅん》・聖恵《しょうえ》と鎌倉末まで山門派《さんもんは》が別当を占めている。将軍頼経の実家である九条家との関係で、山門僧が任命されたのである。

良信（一一七三—一二五三）は大蔵卿藤原長成の孫、長信の子である。忠快の弟子で、ほぼ一貫して関東で活動したと考えられる。良信は元仁《げんにん》元（一二二四）年に奥州《おうしゅう》の平泉《ひらいずみ》惣別当に在任しており、八月には勝長寿院別当に補任された。平泉惣別当とは、鎌倉に在住したまま中尊寺《ちゅうそんじ》・毛越寺《もうつうじ》を統轄した役職で、現地の寺僧を権別当に補任して実質的支配を行なわせた。寺領八百余町のうち少なくとも百町余りが惣別当得分であった。

このように、鶴岡八幡宮に次ぐ寺格の勝長寿院の別当を山門派の官僧が勤めたのは注目されるが、山門派別当の時代でも、その供僧《ぐそう》には、寺門《じもん》や東寺《とうじ》系の官僧が任命されている（貫達人・川副武胤、一九八〇）点も忘れてはならない。

永福寺廃寺

永福寺は、現在の鎌倉市二階堂のあたりに所在した寺で（現在は、鎌倉カントリーテニスクラブのすぐ近く）ある。永福寺は、文治五（一一八九）年十二月九日に建設（計画カ）が開始され、建久《けんきゅう》三（一一九二）年十一月二十五日に完成の祝賀式典が行なわれた。永福寺は、源義経、藤原泰衡《やすひら》をはじめとする数万の怨霊を鎮めるために建設された。

永福寺は、二階大堂が存在したことで知られる。その二階大堂は、奥州合戦（奥州藤原氏との戦い）に際して、平泉の地に臨んだ頼朝が、中尊寺の二階堂大長寿院のすばらしさに心うたれ、それを模して作らせたものといわれる。

中尊寺は、山号を関山《かんざん》といい、奥州藤原氏支配領域の本尊として、藤原清衡《きよひら》（一〇五六―一一二八）が建立した。大長寿院は、嘉承《かしょう》二（一一〇七）年に完成し、九体阿弥陀仏が祀られていた。「高五丈。本尊三丈金色弥陀像。脇士九体。同丈六也」（高さは一五メートル、本

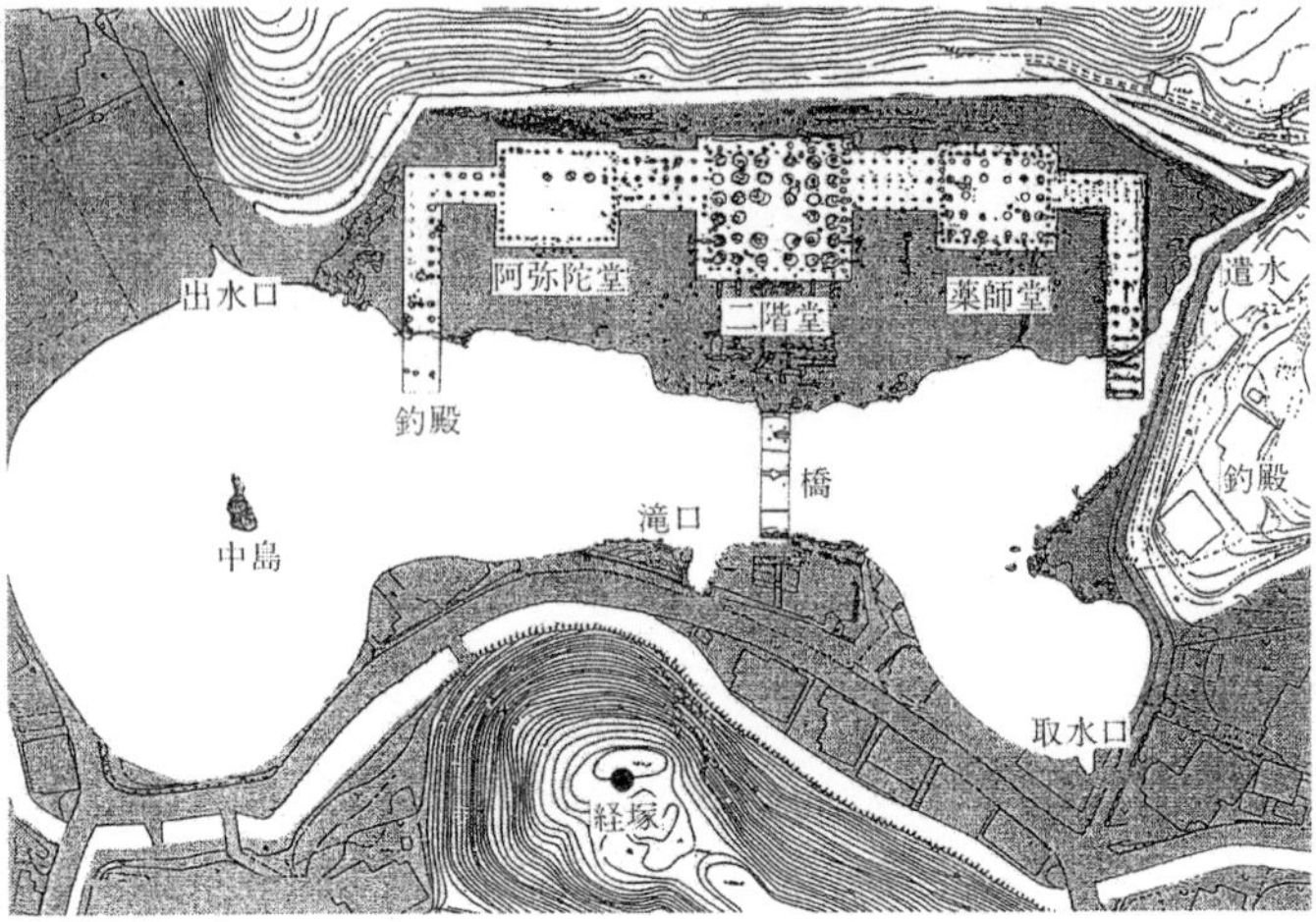

図37　二階堂永福寺跡
（『史蹟永福寺跡解説パンフレット』鎌倉市教育委員会発行，1999年より）

尊は九メートルの金色阿弥陀像、脇士は九体で、高さは四メートル八〇センチ）であった。

永福寺は、そうした巨大な二階堂大長寿院がモデルであり、開幕当初の都市鎌倉は、京都文化のみならず奥州藤原文化の影響も大きくうけていたことは注目すべきことである。

鎌倉幕府滅亡にさいしては、足利尊氏の息子足利義詮《あしかがよしあきら》が別当坊に滞在し、建《けん》武《む》二（一三三五）年の中先代《なかせんだい》の乱後には足利尊氏・直義《ただよし》らが別当坊に入っている。それゆえ、鎌倉幕府滅亡後には足利氏と結びつきを強めて繁栄し、十五世紀前半までは存在していた。そして、最近では発掘調査により、図のように、二階大堂を中心に、阿弥陀堂、薬師堂を廊下で繋《つな》ぐ三堂作りの大伽藍《がらん》であったことなどが具体的に明らかにされている。鎌倉幕府は、それらに担当奉行を置いて保護したことは先述した。

大慈寺廃寺

大慈寺は、源実朝の立願によって建暦《けんりゃく》二（一二一二）年に建立が開始され、建保《けんぽう》二（一二一四）年にひとまず完成した。大慈寺は、廃寺となっており、ほとんど知られることのない寺であるが、鎌倉市内十二所の明王院の東側一帯に堂舎が建っていた。源実朝が、「君恩父徳」に感謝し、それに報いるために大倉の地に建てた寺である。江戸時代までは、丈六堂という建物は所在していたという（貫達人・川副武胤、一九八〇）。

この大慈寺も、「右大臣家建立、他に異なる」といった具合に（建長四年六月廿五日付「追加法」）将軍御願寺の一つとして、重要視されていった。『吾妻鏡《あずまかがみ》』正嘉元（一二五七）年十月一日条によれば、修造された大慈寺の供養（落成式）が行なわれており、本堂、丈六堂、新阿弥陀堂、釈迦堂、三重塔、鐘《しょう》楼《ろう》などによって構成されていたことがわかる。

行勇《ぎょうゆう》のところで述べたように、寺門（園城寺《おんじょうじ》）派の行勇が別当に任命されていた。また、正嘉元（一二五七）年の供養式が、園城寺方式で行なわれている。それゆえ、園城寺系の勢力の強い寺であったと推測される。さらに、弘長《こうちょう》元（一二六一）年二月二十日に鶴岡八幡宮で行なわれた仁王会の際には、大慈寺新阿弥陀堂所属で寺門派の清尊《しょうそん》が請僧の筆頭に記されている。それゆえ、当時、法印権大僧都清尊は、大慈寺の別当であったのかもしれない。それはさておき、清尊は園城寺系の官僧であり、大慈寺は園城寺系勢力の強い寺であったと考えられる。とすれば、鎌倉の旧仏教世界は、園城寺（寺門）系・東寺系・山門系の三者によって牛耳《ぎゅうじ》られていたことになる。

その中で、山門派は、平家の鎮魂のために鎌倉に連れて来られた忠快などを別とすれば、九条頼経によって勝長寿院の別当を与えられていたにしても、優勢だったとはいえない。寺門派・東寺派、とくに寺門派の方がはるかに優勢であったようだ。

以上、鶴岡八幡宮ほかの官僧と禅僧、律僧、念仏僧、日蓮《にちれん》ら黒衣《こくえ》の遁世僧たちの鎌倉での活動についてみてきた。注目されるのは、遁世僧の拠点が、鶴岡八幡宮などの官僧寺院とは対照的に、山内《やまのうち》、極楽寺《ごくらくじ》、名越《なごえ》、六浦《むつら》といった鎌倉の四境に位置した点である。それは、一遍《いっぺん》の事例からもわかるように、新興教団であった彼らが、当初は鎌倉の中心部から排除されていたからであろう。

暗躍する陰陽師

鎌倉の陰陽道

陰陽道黎明期

鎌倉の宗教世界を理解するうえで、忘れてならない集団に安倍《あべ》・賀茂《かも》両氏に代表される陰陽道《おんみようどう》家（陰陽師《おんみようじ》の家系）がいる。陰陽師といえば、京都で活躍した安倍晴明《あべのせいめい》が連想され、平安時代の京都が中心というイメージがある。しかし、それは正しくなく、鎌倉においても陰陽師の活躍はめざましいものがあった。なぜなら、源頼朝《みなもとのよりとも》も貴族的な武士であったし、四代将軍九条頼経《くじょうよりつね》（父は関白《かんぱく》九条道家《みちいえ》）、六代将軍宗尊親王《むねたかしんのう》（父は後嵯峨《ごさが》天皇）らにいたっては、一面において京都の公家《くげ》を代表する人物でもあったからだ。彼らによって、積極的に京都文化が鎌倉にもたらされたが、陰陽道もその一つであった。『吾妻鏡《あずまかがみ》』を見ると、鎌倉幕府の祈禱の多くの場合に、「内典」の祈禱と「外典」の祈禱とが併せ行なわれているが、「内典」の祈禱とは仏教の祈禱であり、「外典」の祈禱とはほぼ陰陽道のそれであった。すなわち、僧侶の仏教的祈禱とともに陰陽道祭祀《さいし》が同時に行なわれている点は注目すべきである。従来、鎌倉の宗教世界を論ずる際、寺院や僧侶に対しては大きく光があてられているのに対して、陰陽師とその祭祀にはさほど光が当てられていないのは不公平といわざるをえない。それゆえ、章を立てて鎌倉陰陽師の世界を明らかにしたい。

ところで、陰陽道というのは、中国の陰陽・五行説に起源を持ちつつも、十世紀後半頃に日本で独自に成立した「科学」の一つといえる。占い、祈禱、葬祭までも行なった。朝廷には、そうした業務を専門とする陰陽 寮《おんみようりよう》という役所が置かれた。陰陽道は、十世紀後半頃には安倍家と賀茂家によって世襲されるようになっていた。

こうした陰陽道は、鎌倉においても重要な役割をはたし、飢饉《ききん》、将軍の病気など社会的な危機などに際して、陰陽師たちは鶴岡八幡宮《つるがおかはちまんぐう》寺ほかの僧たちとならんで、泰山府君《たいざんぶくん》祭《さい》・天曹地府祭《てんそうちふさい》などの陰陽道祭祀を将軍御所南庭などで行なった。また、将軍御所の移転に際してなど、位置や移転の日取りの決定などでも大きな役割を果たした。さらに、将軍をはじめとする有力武士たちは、日常生活のレベルでも、方違《かたたが》えなど陰陽師の占いに依拠した生活を送っていたのである。そこで鎌倉の陰陽師に注目してみたい。

源頼朝は、住吉《すみよし》社の神官昌長《まさなが》や伊勢《いせ》神主《かんぬし》の一族である大中臣頼隆《おおなかとみよりたか》に占いをさせるなど、当初は陰陽道の専門家ではない人たちが陰陽道的なことに従事していた。それは、治承《じしょう》四（一一八〇）年の挙兵の頃は、頼朝が流人《るにん》で、いわば反乱軍の長にすぎず、彼のまわりには正規の陰陽師がいなかったためであろう。すなわち、頼朝の将軍期は、鎌倉の陰陽道の黎明《れいめい》期であった。そして、鎌倉幕府が安定してくると、京都の陰陽師に依頼するようになる。その一人に安倍資元《すけもと》がいる。資元は当時、陰陽頭という陰陽寮のトップであった。

安倍泰貞

だが、いちいち京都の陰陽師に伺いをたてるのは面倒ということもあってであろう、将軍実朝期には、京都から陰陽師の下向が要請された。建永《けんえい》二（一二〇七）年六月二十九日には、わざわざ京都より鎌倉に祈禱のために安倍資元の子維範《これのり》が招かれている。ただし、維範は、いったんは、京都へもどったらしく、再度、嘉禎《かてい》四（一二三八）年十月十三日に、京都を発って、鎌倉へ連れて来られた。以後、鎌倉で活躍した。

安倍維範以後は、続々と京都から安倍親職、泰貞《やすさだ》、宣賢《のぶかた》といった陰陽師が鎌倉に来て陰陽道祭祀を行なった。とくに安倍泰貞こそ、承元《じょうげん》四（一二一〇）年十月以来鎌倉に在住し、鎌倉の陰陽師を代表する人物の一人である。

安倍泰貞は、『系図纂要《さんよう》』という系図集によれば、安倍為成《ためしげ》の子で、大蔵大輔《おおくらたいふ》、大膳亮《だいぜんのすけ》などを経た人物で、官位は従四位上にまでなっている。

安倍泰貞は、『吾妻鏡』承元四（一二一〇）年十月十六日条に、

十六日辛未。快晴。晩になって、御所において変異の御祈が行なわれた。大夫泰貞が属星祭《ぞくしょうさい》を奉仕した。

と見えるのを初見として、『吾妻鏡』にもっとも頻出《ひんしゅつ》する陰陽師である。属星祭とは、飛鳥《あすか》時代から行なわれた祭祀で、生まれた年の干支《えと》により、北斗七星《ほくとしちせい》の中のどれかの星がその人の属星となり、それに祈願する祭である。この場合、大倉御所で将軍実朝のために行なわれた。

この安倍泰貞が、いつ、どうして関東に来たのかはっきりしないが、承元四年十月近くであろうと考えられている。それ以後は、しばしば『吾妻鏡』に見え、寛元《かんげん》三（一二四五）年三月十九日を最後に、『吾妻鏡』から活動が消える。

その日、安倍泰貞は、若宮大路《わかみやおおじ》御所で七座泰山府君祭《しちざのたいざんぶくんさい》の主座を勤めた。泰山府君の祭祀というのは、中国で古代以来名山と知られる山東省《さんとうしょう》の泰山にすみ、人の生命や禍福《かふく》を司どるとされる泰山府君を祭る祭祀のことである。こうしたことから、安倍泰貞は、三五年以上の長期にわたって鎌倉で活躍したことがわかる。

安倍泰貞が、いつ、どこで死亡したのかははっきりしない。だが、『吾妻鏡』建長《けんちょう》八(一二五六)年七月二十六日条には次のような記事がある。

廿六日甲寅、晴、度々の変異などの事、御祈禱を行なわるべきの旨、計ひ申すべきの由、和泉前司行方、清左衛門尉満定など奉行として、諸道に仰せらる、仍て陰陽師ら群参す、前陰陽権大允晴茂朝臣雷公祭を行なわるべきの由、これを申す、天文博士為親朝臣申して云く、此祭は公家の外、行なわるの例を聞かず、去寛喜三年、前武州禅室の仰せに依り、亡父泰貞風伯祭を行なう、翌日風休止す、其例に任せて、この祭を行なわるべきかと云云、(後略)

(度々、異変が起こったので、祈禱を行なうよう計らうようにとの将軍の命が、二階堂行方・清原満定等を奉行として諸道に仰せられた。そこで、陰陽師が群参した。前陰陽権大允安倍晴茂は雷公祭を行なうべきと主張した。他方、天文博士安倍為親は次のように申した。雷公祭は朝廷以外で行なわれた例を聞かない。去寛喜三（一二三一）年、前武州（北条泰時）の室の仰せによって、亡父安倍泰貞が風伯祭を行なったところ、翌日風が休止した。其例に任せて、この祭を行なわるべき、と。）

この記事、特に、「亡父安倍泰貞が風伯祭を行なった」とあることから、建長八年七月二十六日には、死去していたことがわかる。また、息子の安倍為親も天文博士として、鎌倉で活躍していたことがわかり興味深い。さらに、注目されるのは、陰陽道祭祀の執行には、身分的な制約があったと考えられ、ある種の祭祀は天皇家や摂関家しか行なえない祭祀があった。

図38　泰　　山
中国山東省（筆者撮影）

安倍泰貞が活躍した時代は、三代将軍実朝期から四代将軍九条頼経期であった。その時期は、北条氏による権力掌握過程でもあり、幕府草創期に活躍した和田氏・三浦氏といった有力御家人が北条氏によって滅ぼされていった。すなわち、和田氏の乱（一二一三年）、宝治合戦《ほうじかっせん》（一二四七年）という血なまぐさい争いが続いた。それらは、将軍をも巻き込む権力闘争であり、仏教的祈禱と並んで陰陽道祭祀が大いに行なわれた。その過程で、安倍泰貞は重宝がられ、陰陽道の関東での繁栄の礎を築いたといえる。和田の乱での安倍泰貞の活躍を見ておこう。

関東陰陽道

和田の乱は、建保《けんぽう》元（一二一三）年五月に和田義盛《わだよしもり》（一一四七―一二一三）以下その一門が北条氏に対して武力抗争を挑み、敗れた事件である。

和田義盛は、三浦義明の嫡男義宗の長男で、治承四（一一八〇）年の源頼朝の挙兵に参加し、大いに名を挙げた。その結果、かねての望みであった御家人の統率機関たる侍所の長官（侍所別当）に就任するなど、北条義時と肩を並べる立場を築いていった。ところが、建保元年二月、源頼家の遺児千手を擁して将軍となし、義時を除こうとする泉親衡の謀反が起こり、その一味に義盛の息子義直・義重・甥胤長《たねなが》が含まれていた。同年三月九日には、和田義盛が一族九八人を率いて、赦免を願い、義直・義重は許されたが、胤長は認められなかった。和田義盛は激怒した。その翌日の十日には、頼朝の大倉法華堂の後ろの山に光物があったという。和田氏の謀反を予測させる怪異であったのだろう。こうした怪異に対して、安倍泰貞は、同十六日に大倉御所で天曹地府祭《てんそうちふさい》を行なっている。天曹地府祭は辛酉《しんゆう》などの歳厄、太一定分《たいいってい ぶん》などの年厄、天変・怪異の祈禱や病事・産事・昇官の際に、あるいは毎月・歳末など定期的な祈禱として天皇はじめ貴族・武家の間で広く行なわれていた。祭神は天曹《てんそう》（天の官曹）・地府《ちふ》（地祇《ちぎ》の家司《けいし》）・水官・北帝大王・五道大王・泰山府君《たいざんぶくん》・司命《しめい》・司禄《しろく》・六曹判官・南斗・北斗・家親丈人の冥道《めいどう》十二神である。

和田義盛は一族を率いて、建保元（一二一三）年五月二日に挙兵し、翌三日には滅び去った。そして、合戦三日前の建保元年四月二十九日には、鶴岡八幡宮では大般若経《だいはんにゃきょう》の転読《てんどく》がなされるなど、僧侶の祈禱が行なわれるとともに、安倍泰貞が天曹地府祭を奉仕するなど、陰陽師が動員されている。

こうした安倍泰貞ほかの陰陽師の努力もあって、関東陰陽道が確立していった。すなわち、鎌倉在住の陰陽師たちは、「関東陰陽師」と呼ばれ、京都とは独自に陰陽道祭祀の先例を集積していった。その結果、京都の陰陽師の判断と「関東陰陽師」との判断が異なる場合すらも起こった。たとえば、嘉禄《かろく》元（一二二五）年に、九条頼経が元服《げんぷく》し、大倉から宇都宮辻子へ移転した新御所へ引っ越す儀式が行われたケースがそれである。頼経の元服と引っ越しの儀礼の日時をいつにするかについて、京都の陰陽師と関東陰陽師とで判断が異なり、関東陰陽師の判断が採用されている（『吾妻鏡』嘉禄元年十二月八日条）。

鎌倉将軍と陰陽師

ところで、鎌倉の陰陽師《おんみようじ》の歴史において、注目されるのは、将軍護持陰陽師ともいうべき陰陽師の存在である。

将軍護持陰陽師

十三日戊午陰、護持僧、陰陽師等結番《けちばん》せらる、隠岐入道（二階堂行村）、周防前司（藤原親実）、後藤左衛門尉（基綱）奉行たり、

先　護持僧

上旬　弁僧正（定豪）　丹後僧都（頼暁）　宰相律師（円親）

中旬　大蔵卿法印（良信）　大進僧都（観基）　常陸律師

下旬　信濃法印（道禅）　加賀律師（定清）　蓮月房律師
次　陰陽師
一番　泰貞　二番　晴賢　三番　重宗　四番　晴職　五番　文元　六番　晴茂

右の史料は、『吾妻鏡《あずまかがみ》』安貞《あんてい》元（一二二七）年十二月十三日条である。それによれば、将軍九条頼経《くじょうよりつね》のための将軍護持僧と将軍護持陰陽師の当番制が定まったことがわかる。すなわち、護持僧の方は、一〇日交代であり、陰陽師の方は、六番に編成され、ほぼ五日交代であった。安倍泰貞《やすさだ》も、一番に編成されている。従来、将軍の御所に夜居《よい》するなど、将軍を護持する存在といえば、将軍護持僧が知られるが、さらに、将軍護持陰陽師というべき存在もいたのであり、泰貞はその筆頭《ひっとう》であった。この将軍護持僧・同陰陽師の当番制は、すでに実朝将軍期の建暦《けんりゃく》三（一二一三）年九月十二日には成立していた。その実態は不明確だが、頼経期にはより整備されたと推測される。

鎌倉の陰陽道の確立のもっとも重要な画期となったのは九条頼経（一二一八—五六）の鎌倉下向《げこう》であった。実朝の暗殺後、頼経が四代将軍となるべく、承久《じょうきゅう》元（一二一九）年関東に下向したさいには陰陽師の安倍晴吉が京都より付き従っている。この頼経下向を契機として、それまで鎌倉で行われなかった陰陽道祭祀が開始された。たとえば、七瀬祓《ななせのはらえ》がある。

『吾妻鏡』貞応《じょうおう》三（一二二四）年六月六日条によれば、

> 六日壬申、霽、炎旱が渉旬に渉った。よって今日、祈雨のために霊所で七瀬御祓が行なわれた。由比浜は国道朝臣、金洗沢池は知輔朝臣、固瀬河は親職、六連（浦カ）は忠業、鼬河は泰貞、杜戸は有道、江島龍穴は信賢が（担当した）。この御祓は関東で今度始てなり。この外、地震祭（国道）、日曜祭（親職）、七座の泰山府君（知輔、忠業、晴賢、晴幸、泰貞、信賢、重宗）が行なわれた、という。

日照りが続いたために、祈雨祈禱が行なわれたが、泰山府君祭とともに、七瀬祓が由比《ゆい》ケ浜《がはま》、金洗沢、固瀬《かたせ》河、六浦《むつら》、鼬《いたち》川、杜戸、江島龍穴で行なわれている。それが関東で初めて行なわれたと記している。安倍泰貞は、鼬川での祓えを担当していた。

七瀬の祓とは、七か所の河海の霊所において、除災・祈雨・安産・治病等の祈願目的で陰陽師が行なう祓のことである。京都では、平安時代、毎月、天皇がみずから罪・穢をなすりつけた人形を陰陽師・公家らが川合・一条・土御門《つちみかど》・近衛《このえ》・中御門・大炊御門《おおいみかど》・二条末の七瀬に出て水に流した祓の行事であったが、十一世紀には七瀬の範囲は洛外にまで広がり、隔月で行なわれた。鎌倉でも、貞応三年六月六日、以降はしばしば行なわれるようになった。

また、「鎌倉の中心と境界」の章で触れた四角四境祭《しかくしきょうさい》という祭も頼経下向以後行なわれている。四角四境祭は、疫病《えきびょう》の流行、天皇、将軍の病気などの際に、それを鬼気（疫神・疫鬼を含む）のせいと考え、鬼気が外から侵入するのを追い返す（あらかじめ侵入を予防するためにも行なわれる）祭祀のことである。京都では、大内裏外の四隅《よすみ》と京師の四隅で行なうのが四角祭で、山城《やましろ》国の国境（和邇《わに》または竜華・会坂・大枝・山崎または関戸）で行なうものを四境祭という。鎌倉については、『吾妻鏡』では元仁元《げんにん》（一二二四）年十二月二十六日に行なわれたのが初見であり、御所の四隅（東北隅、南東隅、南西隅、西北隅のこと）と鎌倉の四つの境界（たとえば元仁元年十二月の四境祭は東は六浦、南は小坪《こつぼ》、西は稲村《いなむら》ケ崎《がさき》、北は山内《やまのうち》）とで行なっている。

そうした七瀬祓・四角四境祭といった祭祀は、天皇家・摂関家しか実施できなかった祭祀と推測され、京都から移入されたと考えられる。関東での陰陽道の祭祀の重要な部分は九条頼経の関東下向を画期として移入され整備されたといえる。ようするに、頼経下向以後、鎌倉における陰陽道祭祀が画期的に整備され、鎌倉所住の陰陽師たちは「関東陰陽師」と呼ばれるようになった。そして、先述のように、時には京都の陰陽師たちとは異なる判断をする場合もあるなど、関東陰陽道が成立することになった。いわば、陰陽道の面でも、幕府独自の祈禱体制の整備が進んでゆくのである。その過程の画期的事件の一つが、先述した安貞元（一二二七）年十二月の将軍護持陰陽師の番編成であった。

さらに、後嵯峨《ごさが》天皇の息子である皇族将軍宗尊親王（一二四二―七四、在職一二五二―六六）が、建長四（一二五二）年に下向してくると、ますます京都の王朝生活が鎌倉にもたらされた。将軍の方違《かたたが》え・物忌《ものい》みなどから、将軍の病気平癒祈禱などに、安倍氏を中心とする陰陽師が活躍していたのである。なお、鎌倉の陰陽師というと安倍氏のみが注目されがちであるが、賀茂以平《かものもちひら》ほかの賀茂氏の存在もわすれてはならない。たとえば、寛元《かんげん》元（一二四三）年三月二日には、若君（藤原頼嗣）の病気平癒のために、七座の泰山府君祭が行なわれたが、賀茂定昌、以平は安倍泰貞ほかとともに、それに参加している。とくに、賀茂定昌は筆頭に書かれており、安倍泰貞よりも格上の存在であったと考えられる。

鎌倉の宗教空間――エピローグ

以上、四つの章にわたって宗教都市としての側面に注目しながら、中世都市鎌倉を案内してきた。従来、鎌倉は、ともすれば武士の都としての側面ばかりに注目されがちであったが、宗教都市としての鎌倉について認識を新たにされたであろうか。

鎌倉中の寺院と境界の寺院

鎌倉にも、鎌倉中と田舎という、現在の東京の二十三区とそれ以外にあたる区分があり、鶴岡八幡宮《つるがおかはちまんぐう》といった旧仏教寺院は鎌倉中に、鎌倉大仏・建長寺《けんちょうじ》・円覚寺《えんがくじ》・極楽寺《ごくらくじ》といった新仏教寺院は鎌倉中と田舎の境界に立地していた。

念仏系の寺は、長谷《はせ》・由比ヶ浜《ゆいがはま》・材木座《ざいもくざ》・名越《なごえ》地域に、禅宗系は山内《やまのうち》に、律宗系は、極楽寺・飯島・六浦《むつら》に展開している。すなわち、念仏系は西部・南部・東部を、禅宗系は西北部を、律宗系は西南部・東南部、東北部を拠点としていた。

それは、たまたま偶然というのではなく、明確に意識された配置であったのだ。その最大の理由は、穢《けが》れの問題に関わる。

墓所と葬送

仁治《にんじ》三（一二四二）年正月十五日付で注目すべき法令が出された。

一、府中墓所事
右、一切あるべからず、もし違乱のところあらば、かつは改葬の由、主に仰せられ、かつは、その屋地を召すべし

それによれば、府内における墓所を禁止している。それは、守護の大友氏が豊後府中（大分市）に出したものであるが、鎌倉幕府の法令を受けて出されたと考えられている。そうとすれば、都市鎌倉において鎌倉中には、墓所が禁止されていたことになる。従来、そのことは、鎌倉のやぐらという横穴式墳墓が、鎌倉の周囲の崖に存在する法的根拠として注目されてきた。

しかし、問題は、それですむのではない。葬送の担い手、言い換えれば、やぐらの維持者との関係についても考えておく必要がある。

鎌倉新仏教と旧仏教の活動の重要な相違の一つとして、僧侶が葬送に従事するか否かがある。鶴岡八幡宮ほかの旧仏教の僧侶たちは、基本的に葬式に従事しなかったのに対して、新仏教の僧侶たちは葬式に従事したのである。より正確には、旧仏教の僧侶たちは、葬式従事に対して制約があったのに対して、新仏教の僧侶たちはそうした制約がなかったのである。日本仏教といえば、葬式仏教と言われ、僧侶の葬式従事は当然と思っておられるであろう。しかし、中世においては、僧侶の葬式従事は革新的なことであった。

というのも、鶴岡八幡宮ほかの旧仏教の僧侶たちは、僧位・僧官を有する官僧（官僚僧）で、官僧には穢れ忌避という制約があった。そして、その忌避すべき穢れの一つに死《し》穢《え》があった。死穢というのは、死体に同座したり、触れることに生じる穢れの一種で、葬送に従事すると死穢に触れることになった。官僧は、死穢に触れると三十日間謹慎しなければならず、葬送従事ははばかられた。そのために、官僧たちは、禅・律・念仏といった僧侶（当時、遁世僧と呼ばれた）たちに葬送を任せたのである。

それゆえ、禅・律・念仏（日蓮宗《にちれんしゅう》も）の寺には、境内墓地まで存在し、ある意味、穢れを集め、浄化する役割を担っていた。それゆえ、当初は、鎌倉の中心部から新仏教寺院は排除され、地獄谷《じごくだに》といった本来、葬送の地であったところに配置されたのである。しかし、後に、新仏教の立場が上昇すると、鎌倉の内部に入りこんでいく。その例として、北条高《たか》時《とき》邸跡に建てられた宝戒寺《ほうかいじ》などがあげられよう。

こうした中世都市鎌倉における寺院配置は、けっして鎌倉に限られたことではない。別の機会（松尾、一九九八a）に述べたように、そうした寺院配置は、中世都市奈良においてもいえる。先述の豊後府中の法令からも推測されるように、地方の「府中」においてもいえると考えている。すなわち、本書で述べた中世都市と寺院配置の関係は、中世都市に一般化できると考えている。京都については別稿で述べたい。

鎌倉幕府独自な宗教政策

また、前近代においては、宗教と政治とが不可分に結びついていたこともよく知られている。それゆえ、鎌倉時代の鎌倉に焦点を当てて宗教状況を明らかにしたことによって、鎌倉幕府の政治、とくに宗教政策の一端も見えてきた。

ところで、鎌倉の宗教状況と政治との関係を扱った研究といえば、佐々木馨氏・平雅行氏・上横手雅敬氏ほかの研究がある。三氏の研究について詳しく論じる紙幅はないが、少し私見を述べておこう。なお、以下の部分は専門的な話なのでとばしてもらってもかまわない。

佐々木氏は、朝廷側が顕密《けんみつ》主義に依拠したのに対して、鎌倉幕府は、天台宗《てんだいしゅう》山門派と対抗関係にあって、禅・密主義に依拠するなど独自な宗教体制を構築していたとする。禅・密主義の禅とは、建長寺などの臨済禅《りんざいぜん》であり、密とは、鶴岡八幡宮などに展開した園《おん》城《じょう》寺《じ》・東寺系の密教と極楽寺忍性らの真言律を指している。

平氏は、勝長寿院《しょうちょうじゅいん》の別当が、九条頼経《よりつね》の鎌倉下向を機に山門派になっていることなどに注目し、鎌倉幕府の祈願寺の三大祈願寺の一つである、勝長寿院を山門派が押さえていたことなどをもって、幕府独自の宗教体制の存在を否定している。上横手氏は、幕府の独自な宗教政策の存在を指摘しつつも、園城寺・東寺系の密教を密教と一括できないなどと佐々木説を批判している。

こうした平・上横手説によって、佐々木説は否定された観がある。確かに、佐々木説は、前提となっている事実認識に問題が多い。しかし、本書で明らかにしたことによって、鎌倉幕府の宗教政策には独自性が見いだせることも見逃してはならない。

平説では、勝長寿院の別当が天台宗山門派であることをもって、幕府は、天台宗山門派と対抗関係にはなかったとする。たしかに、勝長寿院の別当は四代将軍九条頼経によって山門派の僧が任命されたが、供僧《ぐそう》には東寺・園城寺系の僧侶が任命されている。また、実朝期には鶴岡八幡宮・勝長寿院・永福寺《ようふくじ》に大慈寺《だいじじ》が加えられ、それ以後、勝長寿院の地位は相対的に低下した。とすれば、勝長寿院の別当が天台宗山門派であることを過大に評価すべきではない。

源氏三代の時代において、幕府が、東寺系・園城寺系に比較して、天台宗山門派を重用しなかったことは明らかである。幕府初期に活躍した山門系の忠快は、平氏一族の生き残りで、平氏一族による平氏鎮魂のために、鎌倉へ連れてこられたのであった。すなわち、幕府は源氏三代期はもちろんだが、鎌倉期を通じて東寺・園城寺系をより重用したとはいえるだろう。

鶴岡八幡宮などに所属する僧侶は、一面において朝廷から授けられる僧位・僧官を有する官僧（官僚僧）であった。それゆえ、幕府も、一面において官僧体制に依拠していたことになる。しかし、幕府は、そうした官僧を、御家人に準じ、武家の「官僧」として編成していった。とくに、承久三（一二二一）年には幕府独自の大仁王会を開催し、以後も開催しつづけたように朝廷とは独自な祈禱体系を樹立していった。

また、幕府は、禅・律・念仏僧といった遁世僧を早くから登用し、彼らをも武家の「官僧」化し、幕府の「官寺」である将軍家御祈禱所には、官僧寺院のみならず遁世僧寺院も編成されていった。

寿福寺が、正治二（一二〇〇）年閏二月十二日に建設されているように、幕府は、早くから官僧・遁世僧体制を踏まえた武家の「官僧」体制を樹立していったといえる。

他方、朝廷は、遁世僧の登用には消極的で、律僧は蒙古襲来の際に、初めて祈禱に動員されている。天皇の葬送などを遁世僧に一任するのも、十四世紀初頭になってからであった。

このように、幕府は、山門派との関係や遁世僧の登用などの面において、朝廷とは独自な態度を取っていた。とくに、幕府独自の大仁王会の開催に象徴されるように、承久の乱以後は、朝廷とならぶ武家政権として、宗教の面での整備も進んだのである（松尾、一九九三）。

以上、本書では鎌倉の宗教について述べたが、主に寺院の紹介が多かった。それは、中世においては、神仏習合《しんぶつしゅうごう》によって、神と仏は本来同一で、神は仏が仮に姿を現した（本《ほん》地垂迹説《じすいじゃくせつ》）と考えられていたことによる。それによって、寺院と神社が共住し、しかも、寺が鎮守社を支配する関係にあったからである。

本書は、鎌倉の観光名所である寺社を網羅《もうら》している。本書を読んで鎌倉の寺社の新たな面を理解されるのに役立つとすれば幸いである。

あとがき

私は、勤務校の関係から東北の一地方都市に住んでいるが、学生時代から鎌倉をしばしば訪ねている。指導教官が、鎌倉研究の第一人者故石井進先生であったこともあって、鎌倉研究に導かれていった。鎌倉は、調査のため訪れるたびに、新たな姿を見せ、惹きつけてやまない。

本書は、そうした私の、鎌倉に関する三冊目の単著である。前二著の内、『中世都市鎌倉の風景』（吉川弘文館、一九九三）は、将軍御所・寺社境内《けいだい》絵図・町衆などを扱い、『中世都市鎌倉を歩く』（中公新書、一九九七）は、鎌倉時代のみならず、室町時代の鎌倉をも論じてみた。他方、本書は、中世都市鎌倉の宗教都市として側面に大きく光を当てている。

中世都市鎌倉といえば、武家の都を想起し、武士が多数居住していたと思われるであろう。しかし、武士たちは、たとえば足利氏が足利（現、栃木県）を本拠としていたように、地方に拠点を有していた。それゆえ、幕府の有力者以外は、鎌倉大番などの御家人役を勤める時や、「いざ鎌倉」の緊急時でなければ、鎌倉にいる必要はなかったのである。他方、建長寺《けんちょうじ》・円覚寺《えんがくじ》・極楽寺《ごくらくじ》といった巨大寺院には多くの僧侶たちが常住していた。そのため、鎌倉常住者の数としては、武士よりも僧侶やその従者の方が多かったと考えられている。また、本文で述べたように、僧侶のみならず、陰陽師《おんみょうじ》たちも大いに活動していた。すなわち、鎌倉は住人の面からも宗教都市でもあったのである。

ところで、鎌倉の寺院の多くは史料が少なくてその歴史についてはっきりしたことがいえないが、東慶寺《とうけいじ》が霜月《しもつき》騒動で滅びた安達《あだち》一門の鎮魂《ちんこん》の寺であったらしいように、北条氏などによって滅ぼされた人々の鎮魂の寺であった所も多い。萩の花の名所宝戒寺《ほうかいじ》も、最後の得宗《とくそう》北条高時《たかとき》の屋敷跡に立つ鎮魂の寺であったが、白く可憐な萩の花が、死んだ高時の怨念を鎮めているようで、ふっと心温まる。

現在の鎌倉を訪れる人々は、円覚寺・建長寺・鶴岡八幡宮《つるがおかはちまんぐう》・大仏などの寺社を見学するのが代表的な観光コースであろう。宗教都市としての鎌倉に焦点を当てた本書が、いわゆる観光パンフレットに飽きたらない読者への手引き、「おとなのための手引き」となることを願って「あとがき」を終えよう。

最後に、本書作成にあたって、吉川弘文館編集部の一寸木紀夫氏、鎌本亜弓氏の協力に感謝しなければならない。勤務校の山形大学人文学部の学生や板垣大和・水原朗子といった卒業生たちにも、卒論・修論の指導を通じて多くのご教示をえた。また、長崎の田舎に暮らす父と、草葉の陰で本書を楽しみにしているであろう亡母に本書を捧げたいと思う。

二〇〇五年六月二十六日

小白川の研究室にて

松尾剛次

参考文献

秋山哲雄「鎌倉中心部の形成とその構造」『都市研究の方法』新人物往来社、一九九九年
浅見龍介「鎌倉大仏の造立に関する一試論」『MUSEUM』五四三、一九九六年
石井　進「坂と境」『日本民俗文化大系　第六巻　漂泊と定着』小学館、一九八四年
「「浄光明寺敷地絵図」に記された人物は誰か」『浄光明寺敷地絵図の研究』新人物往来社、二〇〇五年
石井進・大三輪龍彦編『よみがえる中世3　武士の都鎌倉』平凡社、一九八九年
伊藤清明「関東における鎌倉時代の蹴鞠について　～源頼家期を中心として～」『山形大学大学院社会文化システム研究科研究論文集』七、二〇〇五年
上田敍代「鎌倉止住僧定豪について」、『学習院史学』三三、一九九五年
上横手雅敬「鎌倉大仏の造立」『龍谷史壇』九九・一〇〇、一九九二年
「源頼朝の宗教政策」『中世の寺社と信仰』吉川弘文館、二〇〇一年
大三輪龍彦「廃多宝律寺について」『鎌倉』一七、一九六八年
大三輪龍彦編『中世鎌倉の発掘』有隣堂、一九八三年
奥富敬之『鎌倉史跡事典』新人物往来社、一九九九年
『鎌倉歴史散歩』新人物往来社、二〇〇一年

神奈川県立金沢文庫編『北条実時』二〇〇一年
鎌倉考古学研究所編『中世都市鎌倉を掘る』日本エディタースクール出版部、一九九四年
鎌倉国宝館編『北条氏ゆかりの文化財』鎌倉国宝館、二〇〇一年
鎌倉市史編纂委員会編『鎌倉市史　史料編二』吉川弘文館、一九五六年
『鎌倉市史　考古編』吉川弘文館、一九五九年a
『鎌倉市史　社寺編』吉川弘文館、一九五九年b
鎌倉大仏史研究会編纂委員会編『鎌倉大仏史研究』一、一九九六年
『鎌倉大仏縁起』鎌倉大仏殿高徳院、二〇〇二年
川添昭二『北条時宗』〈人物叢書〉吉川弘文館、二〇〇一年
河野真知郎『中世都市鎌倉　遺跡が語る武士の都』講談社選書メチエ、一九九五年
神崎彰利・福島金治ほか『神奈川県の歴史』山川出版社、一九九六年
五味文彦「文献からみる鎌倉の死の様相」、五味文彦・斎木秀雄編『中世都市鎌倉の死の世界』高志書院、二〇〇二年
斎木秀雄「都市鎌倉と死のあつかい」、五味文彦・斎木秀雄編『中世都市鎌倉と死の世界』高志書院、二〇〇二年
佐藤弘夫『日蓮』〈ミネルヴァ日本評伝選〉ミネルヴァ書房、二〇〇三年
清水真澄『鎌倉大仏』有隣堂、一九七九年
白井永二編『新装普及版　鎌倉事典』東京堂出版、一九九二年

鈴木棠三編『鎌倉　古絵図・紀行』東京美術、一九七六年
関　幸彦『「鎌倉」とはなにか』山川出版社、二〇〇三年
平　雅行「将軍九条頼経の鎌倉の山門僧」、薗田香融編『日本仏教の史的展開』塙書房、一九九九年
『大日本地誌体系　第十九　新編鎌倉志・鎌倉攬勝考』雄山閣、一九二九年
高橋秀栄「中世の鎌倉大仏に関する歴史年表」『鎌倉大仏史研究』一、一九九六年
永塚昌仁「鎌倉時代における護持僧について　～将軍家護持僧を中心にして～」『山形大学大学院社会文化システム研究科研究論文集』七、二〇〇五年
貫達人・石井進編『鎌倉の仏教』〈有隣新書〉有隣堂、一九九二年
貫達人・川副武胤『鎌倉廃寺事典』有隣堂、一九八〇年
貫達人・三浦勝男編『鶴岡八幡宮寺諸職次第』鶴岡八幡宮社務所、一九九一年
納富常天『鎌倉の仏教』〈鎌倉叢書〉かまくら春秋社、一九八七年
葉貫磨哉、『中世禅林成立史の研究』吉川弘文館、一九九三年
原田正俊「高野山金剛三昧院と鎌倉幕府」、大隅和雄編『仏法の文化史』吉川弘文館、二〇〇三年
平凡社地方資料センター編『神奈川県の地名』平凡社、一九八四年
福島金治「中世鎌倉律院と海上交易船」『鎌倉大仏史研究』一、一九九六年
細川涼一『女の一生』日本エディタースクール出版部、一九八九年
前田元重「中世称名寺の石造塔について」『称名寺の石造塔』横浜市教育委員会、二〇〇二年
松尾剛次『中世都市鎌倉の風景』吉川弘文館、一九九三年

『救済の思想』角川選書、一九九六年
『中世の都市と非人』法蔵館、一九九八年a
『中世都市鎌倉を歩く』中公新書、一九九八年b
『太平記』中公新書、二〇〇一年
『お坊さんの日本史』〈生活人新書〉日本放送出版協会、二〇〇二年
『忍性』〈ミネルヴァ日本評伝選〉ミネルヴァ書房、二〇〇四年
松尾剛次編『叡尊・忍性』〈日本の名僧〉吉川弘文館、二〇〇四年
馬淵和雄『鎌倉大仏の中世史』新人物往来社、一九九八年
三浦勝男『鎌倉の史跡』かまくら春秋社、一九八三年
村井章介『東アジア往還』朝日新聞社、一九九五年
『北条時宗と蒙古襲来』〈NHKブックス〉日本放送出版協会、二〇〇一年
村山修一ほか編『陰陽道叢書　2　中世』名著出版、一九九三年
湯山　学『鎌倉北条氏と鎌倉山ノ内』社会福祉法人光友会、一九九九年

関係系図

源氏将軍略系図

漢数字は将軍の代数

- 一 源頼朝 ＝ 北条政子
  - 二 頼家
    - 一幡
    - 公暁
    - 千寿
  - 三 実朝

皇族将軍略系図

- 後嵯峨天皇
  - 六 宗尊親王 ― 七 惟康親王
  - 後深草天皇 ― 八 久明親王 ― 九 守邦親王

北条氏略系図

漢数字は執権の代数、アラビア数字は連署の代数

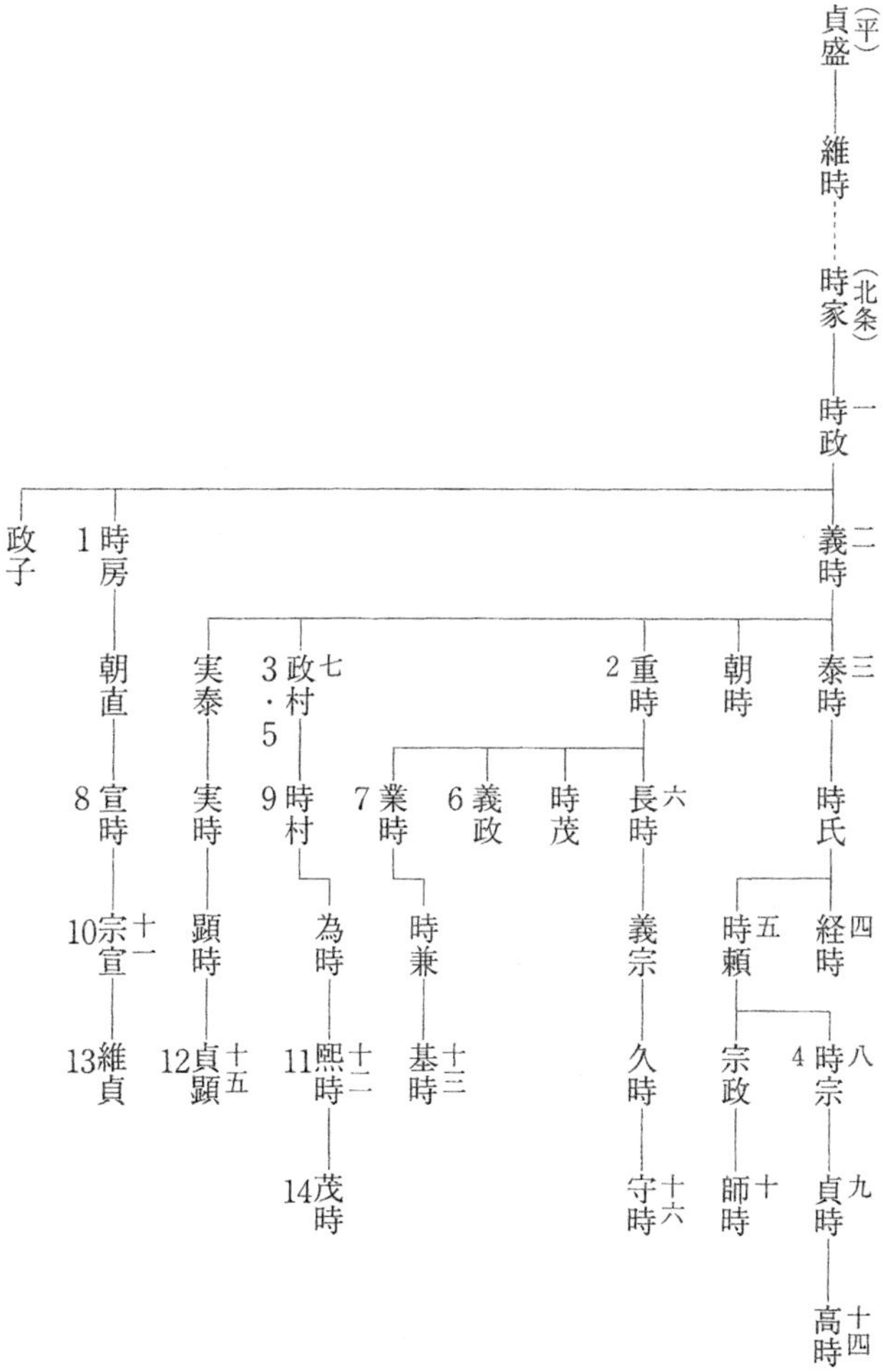

明月院
ノ内
建長寺
宝寺跡
円応寺
巨福呂坂
明寺
大臣山
来迎寺
覚園寺
二階堂
頼朝墓
(法華堂)
永福寺跡
瑞泉寺
荏柄天神
鎌倉宮
至金沢
鶴岡八幡宮
大倉御所跡
浄妙寺
鎌倉公方御所跡
杉本寺
朝比奈切通
一の鳥居
若宮大路御所跡
宝戒寺
勝長寿院跡
明王院
宇都宮辻子御所跡
鳥居
六浦道
報国寺
光触寺
大巧寺
本覚寺
妙本寺
常栄寺
大宝寺
八雲神社
別願寺
安養院
お猿畠の切岸
名越切通
妙法寺
八幡
上行寺
安国論寺
乱橋
長勝寺
来迎寺
法性寺
寺
実相寺
補陀洛寺
光明寺
小坪
凡例
横須賀線
江ノ島電鉄
山道
神社
寺院
史跡
川
墓

跡　地　図

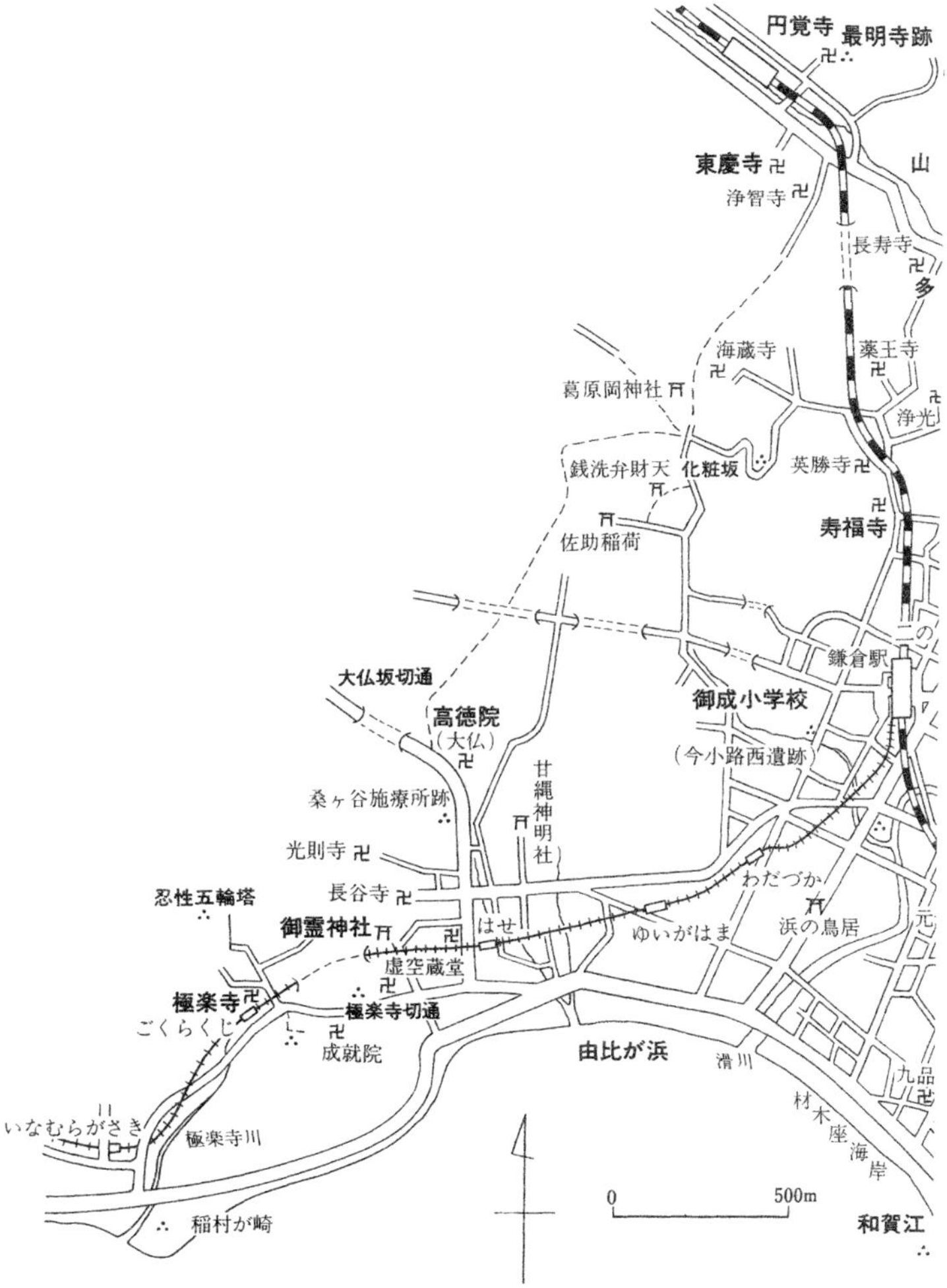
円覚寺
最明寺跡
東慶寺
浄智寺
山
長寿寺
多
海蔵寺
薬王寺
葛原岡神社
浄光
銭洗弁財天
化粧坂
英勝寺
佐助稲荷
寿福寺
大仏坂切通
鎌倉駅
御成小学校
高徳院
(大仏)
(今小路西遺跡)
甘縄神明社
桑ヶ谷施療所跡
光則寺
長谷寺
わだづか
忍性五輪塔
御霊神社
はせ
ゆいがはま
浜の鳥居
元
虚空蔵堂
極楽寺
極楽寺切通
ごくらくじ
成就院
由比が浜
滑川
九品
材木座海岸
いなむらがさき
極楽寺川
0
500m
稲村が崎
和賀江

鎌　倉　遺

著者略歴

一九五四年、長崎県に生まれる
一九八一年、東京大学大学院人文科学研究科博士課程中退
一九九四年、東京大学大学院人文科学研究科より博士（文学）の学位を授与される
現在、山形大学教授

主要著書
中世都市鎌倉の風景　勧進と破戒の中世史　中世都市鎌倉を歩く　新版 鎌倉新仏教の成立　日本中世の禅と律　忍性　叡尊・忍性（編）

歴史文化ライブラリー
202

鎌倉 古寺を歩く
宗教都市の風景

二〇〇五年（平成十七）十一月一日　第一刷発行

著　者　松《まつ》尾《お》剛《けん》次《じ》
発行者　林　英男
発行所　株式会社 吉川弘文館
東京都文京区本郷七丁目二番八号
郵便番号一一三—〇〇三三
電話〇三—三八一三—九一五一〈代表〉
振替口座〇〇一〇〇—五—二四四
http://www.yoshikawa-k.co.jp/
印刷＝株式会社 平文社
製本＝ナショナル製本協同組合
装幀＝山崎　登

歴史文化ライブラリー

1996.10

刊行のことば

現今の日本および国際社会は、さまざまな面で大変動の時代を迎えておりますが、近づきつつある二十一世紀は人類史の到達点として、物質的な繁栄のみならず文化や自然・社会環境を謳歌できる平和な社会でなければなりません。しかしながら高度成長・技術革新にともなう急激な変貌は「自己本位な刹那主義」の風潮を生みだし、先人が築いてきた歴史や文化に学ぶ余裕もなく、いまだ明るい人類の将来が展望できていないようにも見えます。このような状況を踏まえ、よりよい二十一世紀社会を築くために、人類誕生から現在に至る「人類の遺産・教訓」としてのあらゆる分野の歴史と文化を「歴史文化ライブラリー」として刊行することといたしました。

小社は、安政四年（一八五七）の創業以来、一貫して歴史学を中心とした専門出版社として書籍を刊行しつづけてまいりました。その経験を生かし、学問成果にもとづいた本叢書を刊行し社会的要請に応えて行きたいと考えております。

現代は、マスメディアが発達した高度情報化社会といわれますが、私どもはあくまでも活字を主体とした出版こそ、ものの本質を考える基礎と信じ、本叢書をとおして社会に訴えてまいりたいと思います。これから生まれでる一冊一冊が、それぞれの読者を知的冒険の旅へと誘い、希望に満ちた人類の未来を構築する糧となれば幸いです。

吉川弘文館

〈オンデマンド版〉
鎌倉 古寺を歩く
宗教都市の風景

On Demand
歴史文化ライブラリー
202

2019年（令和元）9月1日　発行

著　者　松《まつ》尾《お》剛《けん》次《じ》
発行者　吉川道郎
発行所　株式会社　吉川弘文館
〒113-0033　東京都文京区本郷7丁目2番8号
TEL　03-3813-9151〈代表〉
URL　http://www.yoshikawa-k.co.jp/
印刷・製本　大日本印刷株式会社
装　幀　清水良洋・宮崎萌美

松尾剛次（1954〜）

ISBN978-4-642-75602-0